新聞投稿に見る百年前の沖縄

恋愛、悩み、つぶやき、珍事件

【編著】上里隆史
Takashi Uezato

原書房

新聞投稿に見る百年前の沖縄——恋愛、悩み、つぶやき、珍事件

まえがき――百年前の沖縄は

一八七九年（明治一二）年、琉球王国は滅亡し、日本の明治政府によって沖縄県が設置された。もともと「日本」ではなかった琉球は強制的に併合されたことで反発し、人々の一部は中国（清朝）に救援を求めて亡命し、王国復活運動を開始する。しかし一八九五（明治二八）年に日清戦争で清が敗れると運動は沈静化し、王国復活の夢は絶たれた。当初は反発していた沖縄の人々も、やがて目の前の「現実」を受け入れざるをえなくなり、今度は日本社会のなかでいかに「沖縄」としての主体性を発揮していくかを模索しはじめる。尚王家を世襲の沖縄県知事とし、実質的な自治を獲得しようとする「公同会運動」も行われ、七万余の署名も集まるが政府の拒絶により運動は挫折。最終的に選択したのが日本との同化だった。

沖縄は遅れた社会として本土から差別を受け、その克服が沖縄の人々にとっての課題だった。日清戦争後の日本政府は「帝国の南端」となった台湾に多大な資本を投下して植民地開発をおこない、沖縄はさほど重要視されない地域となった。一九〇八（明治四一）年、「中央政府が持て余している沖縄県を台湾総督の管轄に移して、内地の負担を軽くする」として持ち上がった、台湾に吸収合併される「南洋道」計画に対しては沖縄側は猛然と反発した。自治権が制約された特別県政が改正され、他府県同様になるのは実に一九二〇（大正九）年のことであった。前近代的な製糖業に依存する脆弱な経済にくわえ国税負担も重く、県内には高等教育機関も置かれなかった。沖縄振興開発計画は一九二〇年代後半の深刻な経済不況下（ソテツ地獄）で初めて実施されるも、戦争により中途に終わった。このような歴史的事実は比較的よく知られており、数々の苦悩を当時の沖縄の人々が抱えていたことは確かである。

だが一方で見逃してはならない点がある。それは「沖縄県」という新時代が、沖縄の人々にとって歴史上初めて近代文明に触れた時代であったことだ。沖縄にとって大和化・日本化は近代化と同義でもあった。とくに庶民たちがこの近代文明という新しい波をいかに感じ、受け取ったのか、その現場にいる人たちの気持ちに寄り添って歴史をみていく必要があるように思う。

たしかに一九四五（昭和二〇）年には沖縄戦という破局が待っていたとしても、戦前当時の人々にとっては、まだ実現していない未来である。歴史という高みに立って見物している現代の我々からすれば、近代という悲劇の時代の結末を沖縄戦という破局で締めくくる一貫したストーリーは収まりがいいし、説明しやすい。だが私は沖縄の「近代」の苦悩を認めつつも、当時の目線に立ったリアルな社会像・歴史像を一方で描いていく、そうした作業が必要だと考えている。

小難しい話はこれぐらいにして、今から約百年前、大正時代の沖縄がどんな社会だったかを概観してみよう。明治という激動の時代が終わり、日本は一九一二年に大正新時代に入る。明治維新より、ひたすら欧米列強に追いつけ追い越せと国ぐるみで突き進んできた明治に対し、大正は「親たちが闘争の末に勝ち取り、築き上げてきたものを相続し消費する時代」（長山靖生『大帝没後』）であった。まったく同じではないが、あえて言えば昭和の高度経済成長の繁栄を享受し、消費している平成のような時代というと、いくぶんイメージしやすいのではないだろうか。

明治時代、沖縄は政府の方針で王国制度をそのまま踏襲する「旧慣温存策」もあり、さまざまな本土との格差の解消が課題となっていた。その後土地整理事業による土地の私有化、また行政の特別制度の撤廃などが進み、「大正デモクラシー」が沖縄にも流入してきた時代であった。

当時の政治・経済・文化の中心となったのが那覇である。港湾都市の那覇は王国時代以来、沖縄のなかでも突出した都会だったが、近代以降も県庁所在地としてその地位を保ち続けた。そして戦前の沖縄経済で大きな力を持っていたのが、鹿児島や大阪の寄留商人たちである。那覇には彼らの資本の商店がいくつも建っていた。沖縄県知事は中央から派遣されてきた本土出身者で、県庁内の管理職も沖縄県出身者はほとんどいなかった。

大正時代は社会インフラが整備された時代でもあった。それ以前の一九一〇(明治四三)年には那覇の久茂地に火力発電所が操業開始しており、市内には電灯が普及。一九一四(大正三)年五月には首里―那覇間の電車が、一二月には那覇―与那原間の県営鉄道(軽便鉄道)が開通。翌一九一五(大正四)年六月には現代の国道五八号線の前身にあたる国頭街道が開通して陸上交通網が整備された。

また娯楽施設も那覇に林立し、一九一四年には初の映画館である帝国館が開場、大人気となった。一九一六(大正五)年には那覇西新町に沖縄芝居の大正劇場ができ、こけらおとしには伝統芸能の組踊《くみおどり》が上演された。一九二二(大正一一)年にはコンクリート造りの那覇劇場もでき、人々はこれを「石屋《イシヤー》」と呼んだ。こうした劇場で上演される芝居や映画は庶民たちに評判となり、大勢の観客で連日にぎわった。

市内の中心は大門《うふじょうめー》前通り(現在の那覇市東町付近)、多数の商店と円山号《まるやまごう》、平尾商店などの百貨店や青山書店があった。市内にはほかにも洋風建築の第百四十七銀行沖縄支店や、那覇区役所があり、区役所にある高層の塔は、那覇で一番高い建物であった。波之上宮は官幣小社に列格され、その前の通りはビアホールなどが立ち並び、にぎやかだった。明治に中国人がもたらした「支那そば」が「琉球そば」と名を変え、今に続く沖縄そばのスタイルが確立するのもこの頃である。那覇ではかき氷やビールなど外来の飲食物は庶民が買うことができる範囲の値段で売られていた。洋食店「美理軒《びりけん》」が開業し、当時の沖縄で大きな話題になるのもこの頃である。那覇港内の御物グスク跡には「風月楼」という料亭ができ、本土からの客の接待などにも使われた。

近代教育も普及し、本土からの情報も流行をふくめ時を経ず沖縄に入り、若者たちの関心事となっていた。「沖縄学の父」伊波普猷《いはふゆう》が創刊にかかわった雑誌『おきなは』、仲吉良光《りょうこう》や山城正忠《せいちゅう》、末吉麦門冬《ばくもんとう》といった当時の文化人も寄稿した月刊雑誌『五人』をはじめ、各種雑誌が刊行され、文学青年たちに愛読されていた。

もちろん当時の沖縄の人々がすべてこうした暮らしをしていたわけではないが、政治・経済・文化を牽引していた都市・那覇の存在を無視するわけにはいかない。「沖縄には日本の古い姿が残っている」と、沖縄は戦前より村々や地方が民俗学者などから注目されたが、反対に那覇を中心とした「都市の文化」はほとんど関心を持たれなかった。この戦前の那覇は一九四四（昭和一九）年一〇月の米軍による空襲で壊滅、戦後には開発が進み、現在はかつての姿を想像することは困難である。ただし当時の写真や、その様子をリアルタイムで記した新聞があり、わずかだがそこから当時の那覇の姿をうかがうことはできる。

戦前の沖縄を代表する新聞が『琉球新報』である。一八九三（明治二六）年、王族の尚《しよう》順《じゆん》を中心に、太田朝敷《ちようふ》、高嶺朝教《たかみねちようきよう》といった旧琉球士族層の青年らの主導で創刊された新聞で、当時の沖縄県の政治・経済を牛耳っていた他府県人に対抗する言論をつくりあげる意味合いもあった（なお現在の『琉球新報』は戦後創刊された『ウルマ新報』がその源流で、直接のつながりはない）。

本書はこの新聞の三面にほぼ毎日掲載されていた投書欄「読者倶楽部《くらぶ》」に書かれた人々の声を「混ぜものなし」で紹介するものである。この投書欄は当時の人々のありのままの気持ちや考えをダイレクトに伝える貴重な資料である。その内容は「カオス」と言ってもいいぐらいの奔放で生々しく、そのリアルさには驚くばかりだ。様々な年齢・地域・階層の人々が匿名で自由に意見を主張できるネット掲示板のような役割を果たしており、また投稿者がそれぞれ投書欄内で相互にやり取りをし、交流を持っていたことから、現代のＳＮＳ（ソーシャル・ネットワーキング・サービス）に似たような機能も持ち合わせていたといえるのではないか。

文章はなるべく原文に忠実に載せているが、旧かなづかい・旧漢字は現代の表記に置きかえてある。名前（ペンネーム）や内容は一切加工していない。当時そのままの表現である。一部、差別的、不適切に感じる箇所もあるが、当時の様相を伝えるものとしてそのままの表現で掲載することをお断りしたい。

再度強調しておくが、これから紹介するものはすべて百年前の沖縄の人が書いたそのままの文章である。当時の沖縄のリアルな人間模様をぜひご覧いただきたい。

［目次］

1 恋愛・結婚

2 修羅場

3 友情

4 最近の若者は……

5 クレーム

6　お出かけ・旅行・異郷の地にて

7 質問・お願い

8 つぶやき

9 笑い話・珍事件

10 不満・苦悩・悲哀

11 わたしの主張

12 その他新聞記事

【コラム】

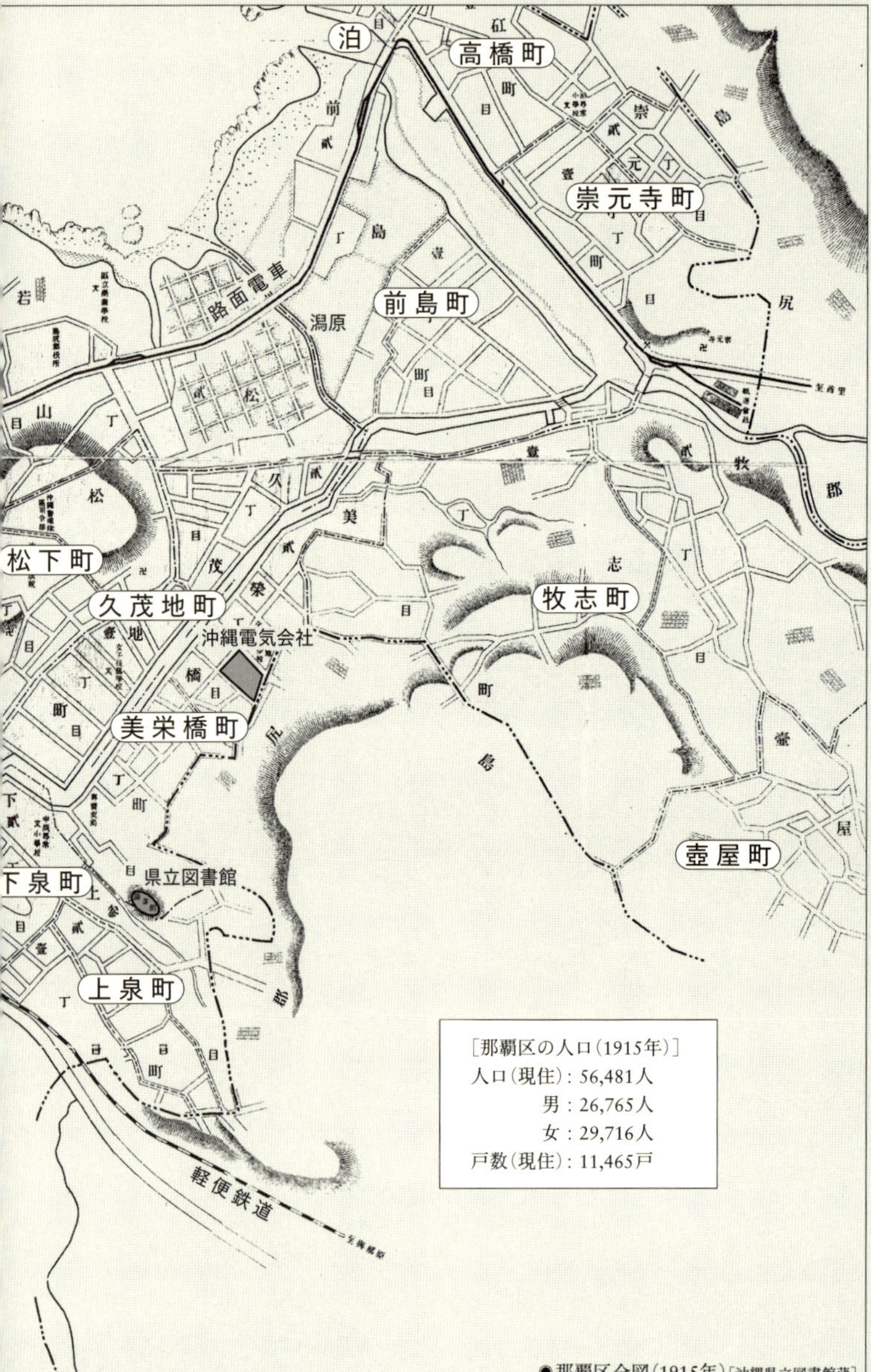

●那覇区全図（1915年）［沖縄県立図書館蔵］

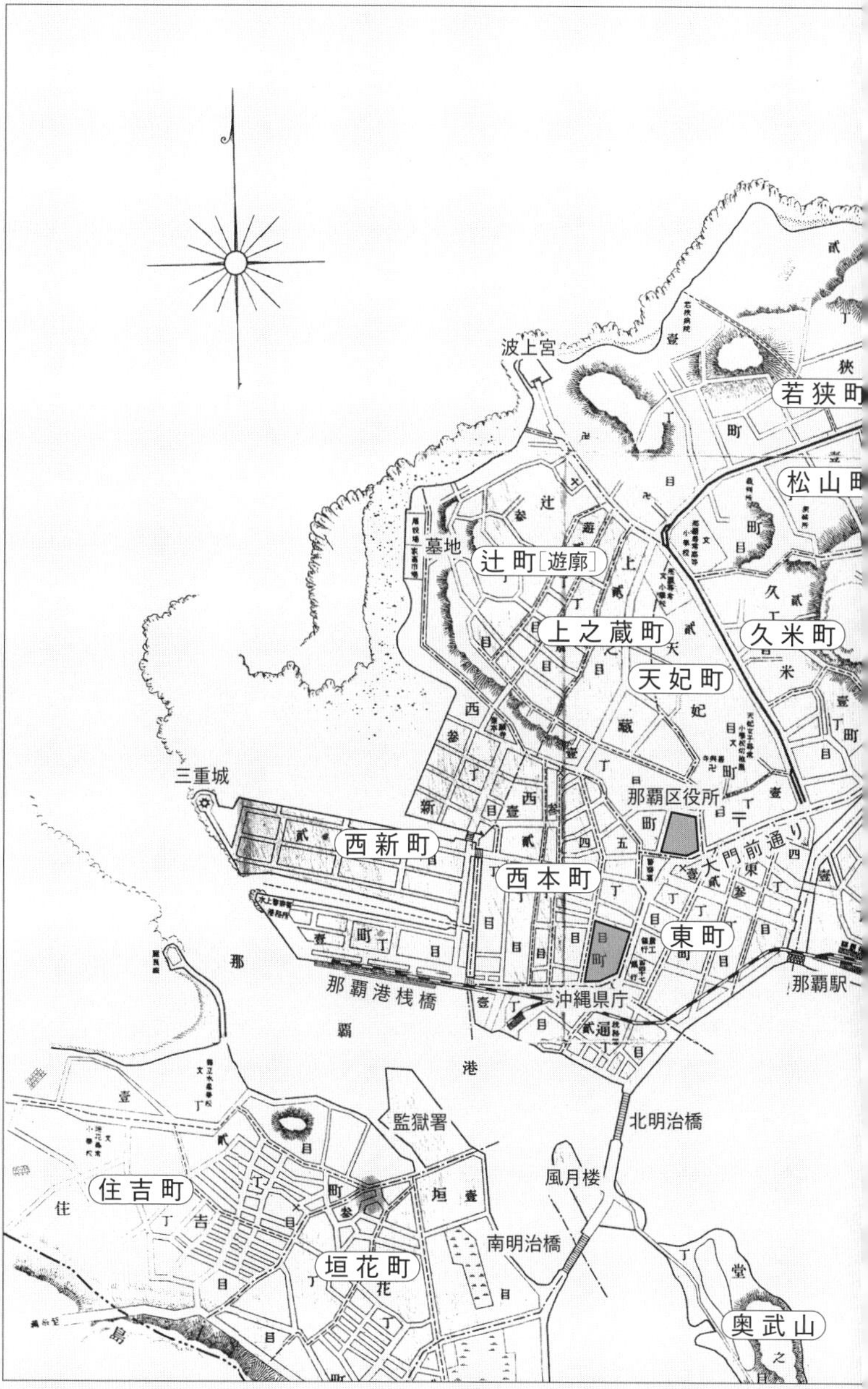
波上宮
若狭町
松山町
辻町［遊廓］
墓地
上之蔵町
久米町
天妃町
三重城
那覇区役所
大門前通り
西新町
西本町
東町
那覇港桟橋
沖縄県庁
那覇駅
北明治橋
監獄署
風月楼
住吉町
南明治橋
垣花町
奥武山

▼——辞書は主に『デジタル大辞林』などを参照した。

▼——印刷物の文字がつぶれたり、かすれたりして読めない箇所は、□とした。

▼——旧漢字や仮名は全て現代の表記に替えた。読みやすいように改行したり、読みやすい漢字や仮名に替えた箇所もある。

▼——誤字や用法の誤りのある文章も原則的にそのままとした。

▼——掲載の写真は本文と直接の関係がないことをお断りしておく。

1

恋愛・結婚

「読者倶楽部」には恋愛に関する投書が少なくない。恋する相手への思い、嫉妬、会えない寂しさ、届かぬ片思い、失恋などがつづられており、百年前の恋愛も現代の我々のものとさほど変わらないことがわかる。なかには夜中のデート中の様子を描写した投書もあり、ほほえましい。また別れに際して恋する男性への思いを琉歌に託して伝える女性の投書は沖縄ならではである。ペンネーム「春花生」は兵役に就けない虚弱な青年で、好意を寄せる文子さんとの関係を投書欄で逐一報告しており、当時の若者の恋の始まりから終わりまでを追うことができるのは興味深い。投書ではしばしば「恋愛」や「ラブ」という語が使われており、琉球王国の時代より続く伝統的な婚姻風習のなかでも、近代の恋愛観念が若者の間に着実に広まっていたことがうかがえる。

なお投書で注目されるのが辻の尾類《じゅり》（遊女）に対する投書である。尾類には相手の男性を選ぶ権利があり、彼女たちの心を射止めるべく男性たちは足しげく辻へ通った（コラム参照）。辻は料亭としての機能も持ち合わせており、男性は尾類たちの歌や踊りを楽しみながらその心をつかむために腐心した。例えば「○○正長」や「首里の乱れ髪」、「アビヤー生」、「薬臭生」などの投書にそうした一端を垣間見ることができる。逆に別の尾類のもとに去った男性を恨む尾類とみられる投書（中道のカナ）もあり、辻の男女の駆け引きは一様ではなかったようである。

結婚に関しては、当時は旧来通りの親決め婚が一般的であったとされ、「結婚の相手を決めるのは両方の親同士で」あり、「昔はやはり結婚するまで、自分の妻は夫はどんな人だか、まるで分らなかった」という戦前生まれの女性の証言もある（『那覇市史　民俗篇』）。元士族階級だけでなく、貧しい家でも「私と主人とは早くから許嫁になっていたが、私はそれを全然知らなかった」（一八八九〔明治二二〕年生まれの女性の証言）と、大半は親決め婚であったようだ。大正時代頃になると琉球風からヤマト風の結婚も広まってきていた。投書では勤務する会社社長の令嬢と恩師の娘との選択に悩む話や、相手の選り好みをしてなかなか結婚できない女性教員の話なども確認でき、ある程度本人の意志も尊重されていたようである。

隣のよし子さん

名前●浪村　一九一二［大正一］年一一月八日［金］

ある朝、戸をあけると隣のよし子さんが寝巻き姿で顔を洗っている。私は二枚目の戸に手をかけてしばらく見ていると、洗面を終えてほつれ毛を掻《か》き上げながら顔をあげた。

そのとき、よし子さんと私との視線が合った。よし子さんはぽっと紅くなって横に向いた。私も手早く戸をあけて内に入った。そしてちょっと障子の破れ目から見るとよし子さんはそっとこちらをうかがっている。

乳房はプックリと、肩はすらりとして生え際の美しい涼しい眼を持っているので、いつ見ても美しい女である。

春花生の切ない恋

文子さんへの思い

名前●春花生　一九一二［大正一］年一一月二五日［月］

目下、新兵入営につき市中ははなはだ騒がしくなってきた。盛装せる田舎人や、つきそいて来た若い婦人連をもって市中飾っている。ことに儲かるのは芝居と娼妓《しょうぎ》屋、そば屋または理髪屋なんかも割合に多いようだ。

ことに辻だ。僕も昨晩ちょっと歩いてみたが、あちこちで送別の宴を張りて舞子を上げて騒いでいるさま、実に面白い。

考えると僕は実に残念だ。僕も今度の検査に合格すれば、今頃は送別会もされるし、可愛い文子《ふみこ》さんに涙の一滴も落とさすことができよったが、惜しいことには不合格の宣告を与えられた。ああ残念！　もうこうなれば仕方がない、諸君の入営を祝するほかない次第です。

投書欄の中傷でヤケになり、遊廓通い

名前●春花生　一九一四［大正三］年三月四日［水］

新良《あら》君よ。僕は君のご忠告によってようやく夢が醒めました。あの歌に、

「傾城《けいせい》［＊］の恋は真の恋ならで　金持て来いがほんの〝こい〟なり」

と実にもっともであります。夢中に通っている間はもうあんな巷《ちまた》へは一歩も足を入れんと口には言うけれども、晩になるとまたゾロ虫が鳴って行きたくなりその虫をおさえることができなかった。

それで他の友人より言葉をもって毎々忠告を受けたがヌカに釘と受け流していたが、君の書面をもってのご忠告に僕まことに恐縮してしまった。恩人よ、きっと悔悟《かいご》しました。いつか折りを見てお礼します、さよなら。

＊傾城――遊女。

→返信

名前●おさふみ　一九一四［大正三］年三月一〇日［火］

春花生君！　僕は貴君と同感の一人です。毎夜通う間は忠告も何もあったものじゃないです。しかしひとたび悔悟したらそれこそよいのです。僕は君が新良君より送られた歌に「傾城の恋は真の恋ならで　金持て来いがほんの〝こい〟なり」、これです。ただこの一首に君の心底《こころ》は悪魔の境を去ったのです。

僕はおかしいけれども、その時いつぞや聞いた、

「開く櫛《くし》箱鏡台《きょうだい》の　この鏡より世の中は
人こそ人の鏡なれ　人の振り見て我が振りの
善きも悪しきも身の手本」

それで僕も悔悟の悔という字を悟ったのです。

どうです君、またもとのように松田はし子様、そのほか有志諸君と吹き来る春風とともに、心の葉筆の花を当倶楽部欄で咲かそうではありませんか。僕も今後及ばずながら貴君らの尻についてチョコチョコやるつもりです。まずは貴君と同感の意を表するまで。

→返信
名前●仲島にて春花生　一九一四[大正三]年三月一二日[木]

おさふみ君へ呈す。世の中の筆と硯《すずり》とより放逐された僕に、葉筆の花なんてすすめてくださる君に対し、僕は実に感謝の意を表す次第であります。君よ、僕も二年前まではあくまでも永久に本欄を便りとして（赤貧の悲しさには）研究してみたい決心でありましたが、いつぞや本欄の某生の「本欄に投書する者はロクなものはいない云々」の投書に対し、ついに落胆してこんな嘲笑されるより花街の巷《ちまた》に通い酒色にふけるが長命の基《もとい》だと思い、我が身を忘れて今までの始末でありました。

おさふみ君よ、君の言に励まされてキットご教示を仰ぎたい希望であります。それで今まで朝寝坊なりし僕、朝は六時起床し、前の浜の朝景色に精神を修養し、夜は十一時の鐘とともに床をのべるのである。同志の君よ、我あばら屋は千鳥なく昔の花の仲島なれば、尋ね尋ねて来れかし、我が胸中の誠心をうちあけて語らいましょう。そして永久のフレンドを結びましょう。

名前◉春花生　一九一四[大正三]年三月二五日[水]

おさふみ君よ、袖振り合うも他生の縁とやら、一面の識もなき兄《けい》よりの投書に接して以来、僕の精神はあたかも一ヶ月前傾城に恋せしごとく、朝や夕なに兄の住所《ありか》や姿を想像して「僕を励まし教え導く兄はいかなる人物なるか」と待ちこがれてはおれど、それらしい人は来てくださらんので思案に暮れております。同志の兄よ、何とぞ兄が住所を本欄にてお知らせくださらば幸甚[*]。また僕のあばら屋へ訪れて来らば。

*幸甚（こうじん）——幸い。

[沖縄県立図書館蔵]

→返信

名前◉おさふみ　一九一四[大正三]年三月二七日[金]

春花生君へお答え申す——僕は貴君より切なることを言われて実《ほんと》に恥ずかしいのです。僕はその日、貴君のお宅に行きました。しかし君は僕を信じてくれなかったのです。縦《よ》し[*]現今《いま》はそれでよいのです。いずれ機《おり》を見て貴君に本物をご覧に入れましょう。しかし僕の心底《こころ》は先般申し上げた通り何も変わりはないのです。

*縦し——たとえ。

文子さんと破局

名前◉春花生　一九一四[大正三]年六月七日[日]

恋しき文子さん、二人が以前まであまかった恋は世の中の義理にてものに破られ、ついに目的を果たすことができない。思えばまことにくやしい次第ではありませんか。しかし今でも二人、道に出会するも相変わらず以前のことが想起されます。いつぞや二人、熱情を込めて終世までと握手を交わせしことを文子さんはよもや忘れはすまい。僕はどうしてもこれを忘れることができない。

→返信

名前●同情生　一九一四［大正三］年六月一〇日［水］

春花生よ、僕は昨日君の投書を見て大変笑ったよ。君はまだ文子さんとの恋をあきらめないのか。君がいくら恋しい恋しいと言っても文子さんはヘヘンと笑っておるだろう。なぜなれば文子は今、商業学校のハイカラさんと深い深い関係をつけておるものを君は知らないからだね。

文子は君の投書を見て赤い舌を出して笑ったことでしょう。君、ハイカラさんの名を知らないの。いずれこの僕が性根をすっぱ抜いてやるから、その時に驚くなかれ。

→返信

名前●春花生　一九一四［大正三］年六月一一日［木］

同情生君、よく言うてくださいました。よく世間で言いますねー、女の心と秋の空！　僕は文子さんの便りが今にも来るだろうと千秋の思いをして待っていたが、同情生のご投書を拝し僕は非常に落胆しましたよ。

文子よ、もう一度あの恋を繰り返してみたいと思いし甲斐もなく、こんな破目に陥るとは実に残念でたまりません。ああ、天にも地にも神はないものと僕はあきらめました。同情生君よ、重ね重ねお礼を申しますよ。

しかし文子さんの恋人の名を出すことだけ

はご免こうむります。

文子さんの新しい恋

名前●失恋生　一九一四［大正三］年七月一三日［月］

やあ文子さん、あなたはまたやられたなー。なぜ顔はやさしく見えながら、そう尻が落ち着かないんでしょう。余はあなたに恋していた一人です。先月の紙上、春花生君や同情生君の投書を見て大変驚いた。自分のほかにも関係をつけた人があろうとは夢にも思わなかったのだ。あなたからもらったあのやさしい玉章《たまずさ》［*］も世に言う女の心と秋の空だのみであったのか。

*玉章——手紙。

名前●虎子生　一九一四［大正三］年八月二八日［金］

久茂地のハイカラさんと文子さんの恋は大変発達してきましたね。朝日（旭）橋でお二人の睦まじい姿を見ましてうらやましうございました。

辻の遊女への思い

名前●無粋男　一九一三［大正二］年一月二五日［土］

花崎時小《ときぐわー》［*］のカミーへ

お前？　私は別にお前と縁もゆかりもない人であれば、不躾《ぶしつけ》に「お前」と呼んではいけないかもしれんが、だれ彼の差別なく「お前呼ばれを」されるのがお前たちの慣わしだから、僕がお前と呼んでももちろん許してくれるだろう。

一昨日の晩、友だちと一緒にお前の室で初めてお前の姿に接し、初めてお前の歌を聞き、

●辻遊廓風景［古賀花子氏提供、那覇市歴史博物館所蔵］

お前の三味線を聞いた。聞けばお前は有名な歌手で世に定評ある女でもあるそうな。けれど私がお前のその美音に接したのは一昨晩初めてである。そうしてお前が一昨晩あの美しい声音で歌った時に、私はお前のその歌に魂も蕩《と》ろけるほどの恍惚状態におちいった。

日々雑務に追われて雑念に煩わされた私の心が、お前の歌を聞いている瞬間に一掃され清々しくなり、お前が歌い出すその声音に食い入るように僕の胸にエンヤリと蕩け浸された時、私は何とも言えない悲哀の底に沈んだ。

表に現われた私の顔付きや様子には何ら変わったこともなかったが、心の底には無限な寂寥《せきりょう》［＊］に切なき思いに充たされた。

そも、お前が歌ったその調子高い哀音にはいかなる思いを潜《ひそ》まして響き渡ったろうが、辻[*]幾千の女郎の罪悪を一時に天に訴うるがごとき思いも、お前の歌い出す歌には潜んでいるのではなかろうか。あるいは浮川竹の身の女郎のはかなき境遇をかこつ哀音か、様々なやる瀬なき人間のたよりなさを悲しむ声音か、とにかくお前の歌は近くに聞いていた波の音と和して、聞く者をして何ものかを思わせる魅力がある。

　私をして瞬間なりとも何らかを思わせたお前に感謝しておく。またいついかなる日にお前のその哀音に接するであろうか。私は恋する男のごとき心を懐いてお前の歌をまたと聞く日も待っていよう。

＊小——沖縄方言。語尾につける愛称で親しみなどを表わす。人名につくと「—ちゃん」などの意味。

＊寂寥——心が満ち足りず、もの寂しいこと。

＊辻——那覇の一角にあった遊廓街。

【コラム】——辻の遊廓

　琉球王国の時代から続く那覇の遊廓街が「辻」である。一六七二年、点在していた遊女たちを辻と仲島に集めて遊廓街ができたのがその発祥で、一九〇八（明治四一）年に合併して辻が唯一の遊廓街となった。辻には男性の居住は許されず、アンマー（抱え親）らの自治組織（盛前《むいめー》制度）などによって運営されていた。戦前沖縄の社交の中心地であり、単なる売春宿ではなく料亭としての性格も持ち合わせていた。

　遊女は「尾類《じゅり》」と呼ばれ多くが貧しい家から売られてきた。彼女らは気位が高く、歌

●琉球辻美人の踊り（遊廓裏座敷風景）
［那覇市歴史博物館蔵］

や踊り、料理などで客をもてなした。金さえ払えば誰とでも一夜をともにするのではなく、相手の男性を選ぶ権利があった。客が通いつめて尾類の心を射止めると、彼女らはまるで恋人のように相手に尽くしたという。辻の遊廓街は一九四四（昭和一九）年の一〇・一〇空襲で破壊され、その歴史も終わりを告げた。

結婚したい男がいない

名前●通堂三良生　一九一三［大正二］年九月七日［旦］

この間、僕は通堂《とんどう》［*］を通ると色の白い女に逢うた。この女はさる島小《しまぐわー》で教員をしていたそうだが、あまりベッピンでもないが、ベッピンと思って身上《みうえ》の男にもいばっていた。

そして島小では「自分の夫に持つべき男はない」と言って教員をやめて那覇に来て、どこかのハイカラ男に恋されようとしても、誰もアノ女に恋するものとて一人もなく、姉さんと二人心配していたそうだが、首里のハイカラとついに結婚したということである。めでたし、めでたし。

＊通堂――那覇の通堂町。那覇港の北岸側の地域。

→返信

名前◉知った人　一九一三[大正二]年九月一二日[金]

貴紙九月七日の読者倶楽部に、さる島で教員をしていた女が首里のハイカラと結婚したと記してありましたが、これは間違いです。彼女はいまだ自分の気に入る男が見当たらないと言って、いつも店先に座って通行の男を見て、自分の夫に持つべき人はあれかこれかと言って目下、詮議《せんぎ》中[＊]である。

＊詮議――評議。

かめ子さんの恋愛数え歌

名前◉馬鹿子息　一九一三[大正二]年一〇月二〇日[月]

一つとせ、日々の仕事に怠りて　理髪屋通う
かめ子さん
二、不義なことと知りながら　理髪屋男の犠
牲とは
三、見てもハイカラ男さん　ほんとにかめ子
が惚れたのも
四、夜ごとに忍びし理髪屋も　哀れ　人目に
知れました
五、何時《いつ》しかそのこと新聞へ　見事すっぱ抜

かれた[*]とは気の毒じゃ
六、無理な思いに身をこがし　時々逢引きするなんて
七、何と言っても無邪気な妓《こ》　自分の身をば返り見ぬ
八、厄介ごとには阿魔《あんま》さん[*]　二人の恋の邪魔者ぞ
九、後生《ぐそー》[*]までとの契りして　哀れ　思いも水の泡
十、とうとう阿魔に知れまして　足止めされて泣き暮らす

＊すっぱ抜かれた——暴露された。
＊阿魔(あんま)——アンマーか。アンマーは沖縄方言(ウチナーグチ)で「お母さん」。また遊廓の抱え親にもいう。
＊後生——沖縄方言で「あの世」。

対照的な夫婦

名前●見聞生　一九一三［大正二］年一二月二日［火］

先日は火事のおかげで仲直りした珍しい夫婦もあったが、このたびは兵隊満期で仲直りした者がある。

首里は当蔵《とうのくら》の某で一昨年出発の際、通堂《とんどう》にて妻君が「行ってきたまえ仁王兄小《ぐわー》」と言えば、夫先生「したい[*]ウサ小」と言うて別れたが、その後、親とウサ小の仲悪しくついに離縁ということになった。ところが二十三日には明日二見[*]で自分の子が帰ってくるということを聞いた親は夫婦の仲がよい仁王を落胆させぬため、あわててウサ小を引き入れた。

また島尻《しまじり》郡某村に某学校の生徒内地旅行に行くにつき、しばらくの間とて妻と別れしが、

これも仲悪しく息子が明日帰るを知った父は早速嫁を追い出した。

さても同じ、明日の日になって一方は仲直り、一方は離縁とは面白い話ではないか。

＊したい――沖縄方言で「でかした」「よくやった」。ここでは「慕い」か。

＊二見――商船の二見丸《ふたみまる》のこと。

魚心あれば水心あり

名前◉○○正長　一九一四［大正三］年一月一二日［月］

光陰矢のごとく、一別以来早や一ヶ年ともあいなり候《そうろう》。私もその後は業務せわしきため、外出もいたさず先日のお手紙にてご近況をうけたまわり喜ばしく存じたてまつり候。

また貴女《あなた》より不肖なる私を娼売気を打ち捨てラブしてくださるとのこと、私は夢かとのみ思いおり候。魚心あれば水心あり［＊］。貴女でもまんざら血も涙もない人間とは、小生思いおらざりき。

＊魚心あれば水心あり――相手が自分に好意を示せば、こちらも好意をもって応対する用意がある。

あれは主ある人の花

名前◉花の主　一九一四［大正三］年二月二二日［日］

思いきらんせ、あきらめさんせ、あれは主《ぬし》ある人の花

→返信

名前◉焼く人　一九一四［大正三］年二月二三日［月］

「恋という字をつい知りそめて　夜ごと涙の浮き枕」　花の主君へ

お前と別れて二年

名前◉首里の乱れ髪　一九一四［大正三］年三月三日［火］

中道《なかみち》の女へ……お前と別れたのも実に二年もなる。思えばあの涼しい秋の夜、扇子《おうぎ》の音もゆかしく肌をふれてから、僕は事情の許さぬので足を入れることができなかった。そのときから永い月を経たのだ。その間友達からお前の消息は聞いていたけれど、行って話をしたい心はやまやまあるけれど、ままならぬ身の悲しきはどうすることもできず、今まで黙っているのだ。

M君が二、三日前夜、僕の宅《うち》に来て熱い話をしてくれた。「カマドも元気かと言えば大変達者だ」と言うので、またあの夜の思い出が頭に来て今に出かけて行こうと思ったのさ。しかしね……浮き心持つ身のお前たちの習いはどうかと思った。お前の朱《あか》い唇は今も動くかね……

見るのはあなたの夢ばかり

名前◉恋慕生　一九一四［大正三］年三月四日［水］

当蔵のお嬢様に申します。今もやはり元気ですか……私は何も変わりはないが、毎夜あなたの夢ばかり見て仕方がないですよ。

あなたの家の前の道を昨夜通りました。春雨がトボトボと降っていたので僕はマントを頭から引っかぶっていたのよ。多くの店から洩《も》れてくる灯りは滑らかに濡れた街道のうえを底光りのする力が照らしていました。

ちょうどあなたはいつもの通り優しい手で

縫い物をしておられたので、うつむいているスタイルがどうすることもできないほど私の心をそそりました。あなたの髪は真っ黒で廂《ひさし》髪《がみ》ですね。あなたの顔の輪郭や唇などは実際、神の御手《みて》で理想的に造られてあるのですね。ドラッグショップは面白いですか。

蜜のような甘い情

名前◉アビヤー生　一九一四[大正三]年三月一二日[木]

雲蔵《うんぞう》のカマドー小《ぐわー》へ

君と別れてすでに二ヶ月ほどもなるねー。もはや別れねばならんその境遇にせっした折り、僕は例の妄言を吐きながらもその実まだ味わってみない大々的苦痛の感に強迫せられたのですよ。君の蜜のような甘い情《なさけ》を味おうた過去のことを追想しては白い玉のような涙の瀧《たき》をなすこと、あえて珍しくないんデ。今や二人の関係は自然に消滅したが、僕が君に対する熱烈なる恋愛は今なお念頭を去りえなんですよ。君、よろしく同情をよせてくれたまえ。

怪しい影がネズミ鳴き

名前◉無名　一九一四[大正三]年五月一一日[月]

私はこの間、所用ありて上泊の友人宅に行き、戻りはだいぶ遅くなっていた。今しも潟《かた》原《ばる》交番所の後まで来ると小雨がショボショボ

[沖縄県立図書館蔵]

●辻の女性［那覇市歴史博物館蔵］

降ったので、交番所の後ろの馬車屋の軒の下に隠れていると、私のすぐ向こうに二人の怪しき影が動いて、あまつさえ鼠鳴きをしていた。私はこの男女をしかと見届けて帰ったが、イヤハヤあきれた話である。

身の毛もよだつばかり

名前●薬臭生　一九一四[大正三]年五月一一日[月]

伊保のツル小《ぐゎー》、お前は今もあいかわらず例の愛嬌を振りまわして、幾多のハイカラ連をチャームしているだろう。私もお前の艶姿にチャームされて人の目を忍んで数回も登楼したねー。

今から思えば身の毛もよだつばかりですよ。

ヒソヒソ語らう二人

名前●上之倉の仁王　一九一四[大正三]年六月六日[土]

今夜もまた幸吉さんとお仲ちゃんとがお隣の垣根で何かひそひそ話し合うている。二人は青春の情熱燃ゆるがごとき年輩で、ともに華美《はなやか》な浴衣を着て、例によってお仲ちゃんは弟を抱いている。あの子がないときまりが悪いと見える。

ふと誰かの声がでもすると、幸さんは急に改まって抱かれた子に戯《たわむ》れる。他日、あの子なしに二人が逢うようになった折は二人の恋仲はよほど進んだ時であろう。

[沖縄県立図書館蔵]

彼女と離れて

名前●渓泉　一九一四［大正三］年六月六日［土］

彼女と少々のことから互いに相離れることとなった。僕は別れて一、二月というのは僕はただ女のことばかり考えていた。その紅を濃くつけた唇と小さき目とが深い心に刻まれていて、何を思うともなく不意に目に浮かんでくる。

名前●渓泉　一九一四［大正三］年六月七日［日］

はかなき命に短き契り、浅ましき宿世嘆かるるは恋する人の常とて、煩悩の犬は追えども去らず、

「なぜ寂しいのだろう」

いく度かつぶやいたが淋しくなってたまらなく、もう室《へや》の中が寂然《ひっそり》として白けたような思いがされる。

田舎に行きて春らしくなった野山を見ていると、何となく人懐かしくなって独りでいるのが淋しい……果ては別れた女がたまらなく恋しくなった。

名前●渓泉　一九一四［大正三］年六月七日［日］

はかない思いに胸は迫って、その時恋人の懐かしさをひしひしと感じて、恋人のいる西の空を眺めて泣いたものだ。

「はかない思いに悲しき夢」

――そうさ、今までおれの生涯もまあ考えてみれば悲しき夢だ――とあきらめたように言ってはみたが、言うに言われないような寂しい気になって、すぐあの女の顔が僕の心の

内に写る。

名前●渓泉　一九一四［大正三］年六月七日［日］

いつ見ても春の海のようにのどかな笑顔——その笑顔あるがために自分は夢にさえ彼女を忘れることができないだろう。なぜ僕はツウちゃんがそんなに慕わしいんだろう。

摩擦してドキドキ

名前●前之毛三郎　一九一四［大正三］年六月一二日［金］

数日前、崇元寺《そうげんじ》まで電車の客となった。あいにく旧友が乗り合わせていたので友と学校時代の懐旧談をしている間に、余が側に年の頃にくからぬ色飽くまで白く、しかして愛嬌のある、何とはなしに人を魅する顔形、当世

●崇元寺［那覇市歴史博物館蔵］

のハイカラ帽子職工だ。

彼女が柔らかきヒザと僕が堅いヒザとヒザとが摩擦している。その時僕が心持ちはなんとも言えない、ただ胸がドキドキするばかり。人間は妙なもんだ。醜きものは見るのもイヤだが、美人は見ても見ても飽くことを知らない。天下の人みな僕と同感であろう。僕は必要もないくせに窓を開けようとする。はずみに彼女が足を踏んだ。「オヤオヤ、これはどうも失礼しました。勘弁してちょうだい」とお辞儀をすると、彼女は顔の紅葉を散らして恥ずかしそうに「いいえ」と答えた。

僕はどよめく胸を押さえて「貴女はどこへお出でなされますの……」とやわらかき言葉で問うた。「妾《わたし》はちょっと首里までです。」かくのごとき短き談話《はなし》が動機となって花が咲き始めた。世にはこのごとく、多数集合する場において不神聖なる恋を成立するものがたくさんあると僕は思う。

美女、婚活に苦心中

名前●垣花生　一九一四［大正三］年七月一一日［土］

垣花《かきのはな》明治橋通り郵便局の近所に年頃二十一、二の美人がおるが、目下、良人《おっと》選択に苦心中である。出雲の神様、どうかこの美人に幸いを垂れたまえ。

磯のアワビの片思い

名前●煩悶生　一九一四［大正三］年七月二七日［月］

島尻郡の某小学校N訓導［＊］様へ

「とことはに　心通わぬ浜に来て　いそのあわび[*]を拾う悲しさ」

＊訓導——旧制小学校の教員。現在の教諭。

＊いそのあわび——磯のアワビの片思い。（アワビは、二枚貝の片側だけのように見えるところから）自分が慕っているだけで、相手にはその気のない恋をいう。

新妻を貸してあげる

名前◉蜂の巣生　一九一四［大正三］年八月六日［木］

我がフレンドなる安里の赤君よ。君は近日、結婚するそうな。赤君さぞ嬉しいでしょう。僕もそのことを聞いて実にうらやましくてたまらないよ。それはそれとしてよいが、赤君、結婚祝いの日は若狭町の大君と僕を忘れてはいかんはずだ。

名前◉若狭の浦にて　一九一四［大正三］年八月一一日［火］

安里の赤君へ。君はこのあいだ結婚されたそうですね。喜ばしいことです。花嫁花婿さんともにお元気ですかね。妻君はよっぽど美人だそうですね。うらやましいワ。

名前◉若狭の浦にて　一九一四［大正三］年八月一七日［月］

安里の赤君へ。君は僕が君の妻君にほれておると言うたので、事実と思って立腹しておるそうですが、それは冗談だ。君、考えてみたまえ。まずそれはそれとして君に一つ言うことがある。今日この頃な暑苦しい夜なんかは、妻君を連れて波之上辺にでも新婚旅行してはどうだ。私がお供しますよ。

→返信

名前●安里にて赤生　一九一四[大正三]年八月一八日[火]

若狭の浦にて君

君は我が最愛の妻を美人までは良いが羨ましいとか惚れるなどと書くが、新聞に書くほど君は我が妻を恋しているのか。よし、君がそんなにまで恋しいなら友人の情けで我がかわいい妻君を一日君に貸してあげる、こう言うと君は天に登るがようだろう。また借りたら今後は新聞にも書かないだろうな？　しかし君、結婚したために新聞などに書かれてはありがたいご迷惑で、書かれた人はどう感ずるかね？　君。

→返信

名前●唖禅　一九一四[大正三]年八月二五日[火]

若狭の浦にて・安里にて赤生、なんじら二人、読者倶楽部を何と心得ているか。十八日の投書のごとき自然主義のなり損事のごとき記事を愚列する白痴者《しれもの》。かくのごとく我聞く。新聞は公衆に向かって発表する公開状との疑問、または天下の有志にうながすべき事項たるべし。

神聖にして社会の耳目たる新聞に、なんじの嫁の杓子《しゃくし》だの猫だの我が細君は美人だの、両奴輩らは何だ。人間として天下の符合たる文字を知るを誇り、衆人の目を汚し不快の威を起こさしむ。目は覆《おお》う者、はたして幾人あるかを知らざるか。

愚僧にして奴輩のごとき者の住所・姓名を知るなれば、鉄拳もって一喝すべし。今後心得よ。

→返信

名前◉若狭の浦にて　一九一四［大正三］年八月二七日［木］

唖禅君へ

君は余の親愛する赤君と冗談的・愛嬌的筆戦をせば、君が横端《よこっぱし》から飛び出て二人に対し忠告的・中傷的言語道断のこと書き散らするが、僕も一匹の男だ。例え君が化けの皮をかぶっても、僕は千里眼だ。やつは辻方面に住す一の遊冶郎《ゆうやろう》ではないか。

　そんなくせに僕らに忠告するなんかおかしいではないか。今少し自覚したまえ。また君は住所・姓名を知るならば手拳をもって一喝うんぬんというが、君が僕の鉄拳一つでも持ちきるか。

［沖縄県立図書館蔵］

モテるメガネ君、台湾へ

名前◉美恵子　一九一四［大正三］年八月二七日［木］

上ノ倉の薬局生・眼鏡小《がんきょうぐゎー》さん、聞けば今度御渡台（台湾）とのことですねー。まことに結構ですわ。御渡台のうえは御勉強なされて錦を飾って御出でくださいよ。あなたが御渡台なさることを聞いて喜んでおりますよ。御渡台なされるのにどうして私に知らさないです。本当に情けないわ。

　御互いに御渡台のうえは御手紙もくだされて交換もしましょう。御身御大切になされて御勉強のうえ帰沖の際には錦をかざって御出でくださいねー。私はその時になったら波止場に来て御迎えいたしますよ。御大切ねー。本紙上に御別れの御あいさつですわ。さよう

なら。あらあらかしこ

名前◉三階小のカナ　一九一四［大正三］年八月二七日［木］

眼鏡小さん、私はあなたと別れたらどうして暮らしましょう。朝夕に思うたびにきつくてなりませんよ。

「里や旅いめいわんやただ一人　御別れのあとや　いちやがなゆら」（愛するあなたが旅に出てただ一人となりますが、お別れの後は会うことができるのでしょうか）

「いちやし思里前《おみさとめ》一人暮らさびが　今《なま》からのあとや　いちやがなゆら」（愛するあなた、［私は］どうして一人で暮らしましょうか。今後は会えるのでしょうか）

死にたい女

名前◉死にたき女生　一九一四［大正三］年八月三一日［月］

潟原町付近二十三、四才の里前《さとめ》［＊］へ

あなたはあまり情けない人でありますねー。

私との約束はどうおっしゃってくれたんだ。将来の妻にもするからと言ったのに、聞くところにあなたは八月には他の女と結婚の式を挙げらるるとのことであるが、あまり情けない手段ではあるまいか。私の身の上はもはや世間の知るべき人になりましたが、一人も頼むべき男はいないが、すでに縁切りしてくれるのか。あなたは薄情者です。私はただ一時の慰め者にされたかと思えばくやしい。

＊里前――（女性が男性に対して）愛するあなた。

恋が覚めるのはいつ？

名前●閑村生　一九一四［大正三］年九月二三日［月］

人生悲観するなかれ。恋愛必ず前途に横たわれり。これ青春の若き男女の常に望んでやまざるものなり。若き男女の恋愛はけだし肉欲の欲望に満足する間はほとんど男女夢中なり。この夢中はいつ覚めえるや。

いわゆる妊娠せばなり。男はこの時よりはすでに冷却になり、もはや女を顧《かえり》みざるなり。女は操《みさお》を破られたるなり。今までは他人にかくすこともできたれども、妊娠せばもはや自己で自己の身を発揮せるなり。この時、初めて今までの甘き夢は覚醒するなり。すなわち男の無情を罵《ののし》るなり。

ああ！　今の女よ。後の恥を思い、男の無情を知り、よろしく注意すべし。

女々しくて

名前●凸面坊　一九一四［大正三］年一〇月二五日［日］

上の倉町、浮草生君に忠告。貴君は実に気の弱い女々しい男ですな。しかも男一人と生まれたる以上は無骨に活動してもらわんと困りますよ。貴君はあんなに優しい可愛いマカテを振っているが貴君にはいずれ後悔することがあろうと思う。

求婚の板ばさみ

名前●実知生　一九一四［大正三］年一一月二五日［水］

SA君ほど気の毒な人はいない。現に勤め

［沖縄県立図書館蔵］

ている会社の社長からは自分の娘・千代子を妻にしてくれと、また東京在学の時の教師からは写真同封にて自分の娘・露子を妻にしてくれと手紙が来て板挟みに挟まれ、また家人が承知するはずがない。実に気の毒だ。

来々世までも変わらじ

名前◉西前小僧　一九一四［大正三］年二月一五日［火］

涙、内より恋しき登り門《じょう》小路三番目のツル君へ。君と別れて十ヶ月、月日の経つのは早きものに候《そうろう》。二人の一生は二世、三世までも変わらじと約束せしも今は水の泡。我はただ寒月を眺め物思いに沈み申し候。

私はあなたを恨みます

名前◉中道のカナ　一九一四［大正三］年二月一五日［火］

松山町○○会社青山生様の御許へ。あなたは私をふり捨てて後道《くしみち》獅子屋《しーさーや》小路カンバーウサ小《ぐわ》と水も漏らさぬ仲となっているそうですね。私はあなたを恨みますよ。二人は彼世《あのよ》ま

●辻の女性［那覇市歴史博物館蔵］

でもとはあなたが言うたではありませんですか。ああ、実に男の心は秋の空、自分の全身を捧げし恋も水の泡と消えると思えば。

東京から恋しき様へ

名前◉兼城村の人、帰県の際、託す。渋谷町にて園子　一九一四[大正三]年一二月一五日[火]

幾多の恥をも顧みず、海山遠き三千里の東京から我が恋しき様へ申上げ候《そうろう》。せめて珍しき琉球の天地へもお身のお後を慕いてまいりたくも存じ候へども、何を申しても一少女の身、しかるようもなしえず、ひたすらに身の不幸をなげき、落胆し、煩悶し、日々に縮まりゆく命の果敢《はか》なきを庭の菊花と語りつつ、苦しみおり申し候。せめて一言にてもお便りくだされたく、待つのみにござ候。

ハピーなイエンゲージ

名前◉前之毛三郎生　一九一五[大正四]年一月二二日[金]

工業徒弟学校の翁長君、一昨晩、朝宗君のイエンゲージ(engage＝婚約)の時にはどうも失敬した。あの時はあまりハピー(ハッピー)だったので、君の感情に触れた言葉を吐露《はい》たか知らんが、酒が言わしめたのだから許してくれたまえ。君がこの間借りた百科全書は少し調べようと思うことがあるが、一時《いっとき》の間、貸すわけにはいかんか。

二八のガール

名前◉泉石　一九一五[大正四]年二月一日[月]

次郎兄足下《けいそっか》へ。過日、才の神[*]で会うた身のスラリトして眼元に滴《したた》る愛嬌の露多き二八のガールは僕をしてラブという心をはじめて起こさしめた。彼(女)がチラリと僕の顔を盗むがごとく、見るさまが深く心中に刻まれて何を思うともなしに目に浮かんで一種異様な感じをして一時も彼女を忘ることができない。聞けば君らの近所のものという。もし君にして心あらば我が心中を察し、告げてくれたまえ。

＊才の神――那覇の久茂地にあった祠。「セーヌカン」ともいう。

沈黙する二人

名前◉浮岳生　一九一五[大正四]年二月一九日[金]

沈黙?　提灯《ちょうちん》の火を吹き消してガチガチ凍えた。歩きにくい田舎の細道を私はガァールと二人で歩いた。月も星も見えない晩だった。二人は暫時《しばらく》沈黙していた。ガァールはときどき危うく転げかかっては「アー」と言うて私の手首をぎゅと握って身を支える。私にはそれがいかにもわざとらしく思えた。坂を下るとガァールはふと手を放して、私の肩を軽く揺りながら、

「よくあなたは黙っていられますのね」

とやさしく幽《かす》かに言うた。

「でも黙ってるほうが気持ちいいんだ」

と冷ややかにきっぱり言い放って駆け出した。遠くから犬が吠えてきた。

恋ははしかのごときもの

名前●素花生　一九一五[大正四]年三月二八日[日]

失恋は若き人に一道の光明と偉大の教訓を与う。恋ははしかのごとしと。若き時、一度失恋せば老いて重きはしかのごとき恋に迷うの要なきを自覚せん。ああ、失恋は悲劇なりとはいえども、若き人にとりてはまた声なき良師なり。

人生は恋愛ありて輝く

名前●悠帆生　一九一五[大正四]年四月六日[火]

人生は恋愛ありて輝き候《そうろう》。実に恋愛は人生の花にて候。そを失われし君が胸中察し上げ候。されど君よ、試みに高山《たかやま》の頂《いただき》に登り、大自然の懐《ふところ》に眠れ。必ずや人生の小なるか嘲笑《あざ》けられ申すべく候。

火に焼ける思い

名前●百合子　一九一五[大正四]年四月一一日[日]

山里にまします彼方《あなた》、真実《ほんとう》に無情の方よ。妾《わたくし》、火に焼ける思いでいますか。お便り一本もくれません。妾、真実怨めしいワ。

[沖縄県立図書館蔵]

2

修羅場

浮気・密通や色恋沙汰のトラブル、夫婦ゲンカ、暴力沙汰などの「修羅場」も枚挙に暇がない。ただ紹介した投書欄の内容はかなりマイルドな方で、『琉球新報』三面記事には目をおおうような事件も散見される。たとえば酒宴後に酩酊した男性が「ねずみを食え」と言われたと勘違いし、激昂して刃物で相手に重傷を負わせた那覇の事件(一九一二〔大正一〕年一〇月一〇日)、那覇東町の魚市場の縄張りをめぐって、女性同士が下駄で殴りあい血まみれのケンカ騒ぎを起こした事件(一九一三〔大正二〕年八月一六日)などがある。戦前の日本本土でも同様に凄惨な事件は発生していたので、沖縄だけが特別だったということではないが、それにしても物騒である。

そして夜の辻といえば「ケンカの街」としても知られていた。とくに空手の腕試しの場所としても利用されたと言われ、突然の襲撃に遭うこともしばしばであった。投書においても無頼漢にケンカを吹っかけられた「前之毛三郎」や、一七、八歳の青年を三人がかりで暴行する目撃談などがある。暴力沙汰にはいたらなかったが、内地風体の者と売薬行商人との口論も行われており、騒然としていた辻の様子もうかがうことができよう。

なかには投書欄での誹謗中傷に憤慨して、リアルで面会し鉄拳の制裁を加えようとする者もあり、何やら現代でもネット上で目にするような光景である。

婚礼前に浮気して妊娠

名前●順風平生　一九一二[大正一]年一二月三日[火]

看護婦上がりの若い女、しかも婚礼前であるのに芝居生、帽子職工とかの胤《たね》をやどし、三世相《さんじんそう》[*]のために言いあてられ、ついに事実を白状したと言うので婿方では大立腹、こちらでは大へこみにへこんでいるそうだ。この顚末を調べ新聞に出したらさぞ面白いことでしょう。

*三世相――沖縄で占いを職業とする易者。

ヤッサモッサの大騒ぎ

名前●無名士　一九一三[大正二]年一月一二日[日]

字垣花湖城辺のことだ。一昨日の晩九時頃、大騒ぎで馳《は》せ行く連中に出会した。何ごとならんと連中に加わり湖城の湯屋辺まで行った。すぐに向こうの一軒屋へ女のわめく声がけたたましく聞こえた。

何ごとならんと見ると、処女が両親に今にも切り殺されんとするところだ。すわ大事、と歯がみをしていると、群集の中を切り開き突き出でたるは帽子職工の亀と言う色男だ。両親に嘆願して処女の罪を謝せども聞き入れられず、ヤッサモッサの騒ぎで一時雑踏を極めた。

三人がかりでボコボコ

名前●目撃生　一九一三[大正二]年一月二四日[金]

去る旧十五日の夜、辻遊廓で某座の役者三

名が十七、八歳の青年を打擲《ちょうちゃく》［＊］していた。
はなはだ不都合だ。

＊打擲——打ちたたくこと。なぐること。

久米島へドロン

名前◉無名　一九一三［大正二］年三月一〇日［月］

某医者の雇い女（首里生まれ）なにがしは通堂の灰殻《ハイカラ》スーメ［＊］小《ぐわー》と久米島へドロンを極《き》めた。帰ってから主人に何と返答するのか。

＊スーメ——主前か。御主前（ウスメー）は沖縄方言で「おじいさん」。

［沖縄県立図書館蔵］

足をクダメテ失敬

名前◉すい人　一九一三［大正二］年三月二〇日［木］

私は一昨夜、髭《ひげ》君と山君と三名ひさしぶりで一杯傾けつつ、四方八方の話に時を移し、あげくは山君の発言により三名とも西蔵銀行に行くことに話しまとまり、十一時頃家出て端道《はたみち》より上門小路に入ると、一人の女郎を連れたる内地風体のものと売薬行商人とが口論をしていた。

その口論が面白い。

薬商さんいわく「貴様は失敬でございます」

女連れいわく「何が失敬」

薬行商いわく「貴様は人の足をクダメテ［＊］失敬です」

●那覇辻ノ前道［那覇市歴史博物館蔵］

幸いに通りかかった人の仲裁によって別に大騒ぎはなかったが、たまたま売薬行商人として高らかに歌をいいつつ大道闊歩《かっぽ》する人が、かくのごとき普通語（標準語）で今まで通していたとは実に情けない感がする。行商人さんもっと勉強しなさい。

＊クダメテ——沖縄方言の「クダミーン」（踏みつける）の意か。

金満家の婿養子ドン

名前●無名　一九一三［大正二］年四月一四日［月］

某金満家の婿養子ドンは七十の婆さんと四歳の子供を家に顧みず女郎にうつつを抜かし、ツイ二、三日前のごとき前ノ毛で車夫と喧嘩を始め、顔いっぱい泥が付き交番沙汰まで持ち上がったとは、養子ドン、将来のため大いに惜しいことです。

→返信

名前●ワク生　一九一三［大正二］年四月一六日［水］

無名生が一昨日の読者倶楽部に、某金満家の婿養子が七十の婆さんと四歳の子供を家に顧みず、女郎にうつつを抜かしツイ二、三日、前の毛で車夫と喧嘩をはじめ、顔いっぱいに泥が付き交番沙汰まで持ち上がったとは全くのウソにして、もし相違と思うなら交番所へ聞いてみよ。

猿知恵の娘

名前●久米島生　一九一三［大正二］年五月一九日［月］

ここに一人の娘あり。猿知恵をしぼりて他人の許婚《いいなずけ》を奪わんとせるに至っては、その大胆さに驚かざるをえない。

　ところは西埋地に、某とて二十歳前後の少女あり。近隣の者たりし某女許婚なる男の、優しき姿に朝夕思いを焦がし、男の宅に押し寄せ種々様々の嘘をならし立て、はては妊娠何ヶ月ですよなどと言いたれば、男は承知せずとて離縁状を飛ばす。

　女方にてはびっくりして娘を詰問せしに、

［沖縄県立図書館蔵］

娘は寝耳に水で一時は言葉も出ず、しまいには喧嘩口論となりて、ウソツキ娘某はとうとう化けの皮をむかれて赤恥をかいた。

女職工の腹膨れ病

名前◉千代生　一九一三［大正二］年五月一九日［月］

近頃、帽子編《あ》み［＊］職工の流行とともに同じ女職工間には腹膨《ぶく》れ病が流行している。ところは字垣花谷村商会の分工場たる垣花第一工場監督○○某は、去月三十日同工場の女職工なる同字○○某と称する女と通じ、ついに腹をふくらして大悶着。

＊帽子編み――パナマ帽製作。製糖業とともに戦前沖縄の主要産業の一つで、原料にアダンの葉が利用された。

◉門岡商会帽子［那覇市歴史博物館蔵］

◉琉球特産パナマ帽子（阿且葉帽子）と原料［那覇市歴史博物館蔵］

［沖縄県立図書館蔵］

怪しい女の徘徊

名前◉馬鹿見た生　一九一三［大正二］年八月一四日［木］

首里の某所に毎夜怪しい女が徘徊《はいかい》するので、また候例の夜半参り［*］ではないかとひとり早合点し、ひそかにその跡をつけて待っていると、何ぞ知らん、夫が毎夜帰りの遅いのに気をもみ、その帰るのを待っているということが知れたので、開いた口がしばらくふさがらない。しかしその女はだいぶ嫉妬心の強い女だとのことだ。

＊夜半参り――夜半に女性が男装して拝所に参り、思う男に会いたいと祈願する風習。

酔漢の乱暴

名前◉久米憤慨生　一九一三［大正二］年一〇月八日［水］

先夜、僕は所用ありて壺川まで行き、帰路仲島前の浜までさしかかるや一人の酔漢、年齢二十歳くらいの若者が突然僕を蹴飛ばして逃げ去ったが、二、三町も離れて「喧嘩するならこっちへ来い」と大声に叫んでおったが、僕も酔人を相手にするのはかえって損じゃと通り過ぎ、家路についたが今度、同所御通行の御方の御注意のために本欄に一筆御知らせする次第である。

男をチャームせしめる女

名前◉辻三才　一九一四［大正三］年三月五日［木］

辻は中道・上村渠根所《うえんだかりにーどころ》の隣に中古の二階建てがある。それが栄江小《ぐわー》という楼であるそうな。ここにウサ小という当年とって十八歳になる妓《おんな》がおるとは読者諸賢もご存じのはず。顔はまずまず醜《しゆう》の方にもまいろうが、持って生まれた愛嬌がタップリときているから、いつしか男の心をチャームせしめる。しかし生まれつきが多情とみえて、時々薄情呼ばわりの騒ぎがたえない。

［沖縄県立図書館蔵］

村の男と密通

名前◉無名　一九一四［大正三］年四月一八日［土］

泊元順の表に一人の女あり。歳は三十二、三なるこの女は先日○○とかいう男と夫婦約束いたし候《そうろう》。以来、日々の生活も男のおかげで安楽に暮らしおりしに、ついに安里の男と密通したるを発見され夫婦約束も立ち消えとなり、また密通したる男にも捨てられて今や毎日泣き涙の苦悶している。

［沖縄県立図書館蔵］

このような女は世間のよい戒めである。記者様、筆誅してください。

百度以上に熱しておいて

名前◉同穴生　一九一四［大正三］年五月三日［日］

榕樹《がじゅまる》栄江小《ぐわー》のツル小君は西の某家のお人よしの若旦那を百度以上に熱しておいて、四十八手の奥の手で金をしぼりとるという大仕掛けは近頃恐れ入りたよ。

→返信

名前◉榕樹栄江小チル小　一九一四［大正三］年五月五日［火］

同穴生様。貴方《あなた》、あんまりですわ。頬かむりでありもせないことを七ツも並べ立てて。私、実《ほんと》に貴方が恨めしくってヨ、恨めしくってヨ。西某様のお人よしの若様とは一体どなた様のことです。私、どう思っても考えても存じませんわ。

それにねえ、貴方。四十八手の奥の手とは私存じませんわ。私、貴方のお名前はよく存じていますよ。明かしましょうかね。貴方ね、昨夜のひじ鉄砲によっぽどお怒りなりましたね。そら新聞にまで投書せんでも、貴方ご自分で泣きついて嘆願したら。いくら私でも一夜二晩グライは死んだつもりで留《と》めてあげますわ。

喧嘩をしかける無頼漢

名前●前之毛三郎　一九一四［大正三］年五月一九日［火］

近頃遊廓を徘徊して無理に通行人に喧嘩をしかける無頼漢が出現した。

昨夜、余が当番よりの帰り道、雑木屋小路の角で彼ら奴ばらに無理に喧嘩を吹っかけられた。余《わたくし》も男子でござる以上、敵に背後を見せて退くもいさぎよくない。サァ来いと身構えると、先方は卑怯にもクモの子を散らすがごとく消えてしまった。

余は勝ちを制して意気揚々と引き上げ二十間（約四〇メートル）ぐらいも行くと、後方より石の雨を降らすので三十六計逃げるにしかずと退却した。よって諸君、遊廓ご散策の時は危急防衛のためステッキを用意して歩きなさい。

捨てられたオジイ

名前●川辺の蒲戸小　一九一四［大正三］年六月二一日［日］

若狭町三□橋通りに年老いたる爺を見捨て、

下女と通じてドロンを極《きわ》めこんだ事実あり。気の毒なるは後に残された爺さんである。

真夜中の夫婦喧嘩

名前◉前之毛三郎生　一九一四［大正三］年七月一日［水］

真教寺の後ろの長屋に金物細工を業《わざ》とせるものがいる。彼らは毎日ほども夫婦喧嘩の正劇を演じている。昼間の狂言はともかくもよろしいが、夜間の活劇を振りまく時などは日常生活と奮闘して疲れている人々や及びお年寄りらの安眠を妨害せられ、甚《はなは》だ迷惑千万で大いに困っている。家主よ、かくのごとき不届の奴らは近所のため一日も早く他所《よそ》へ移転させてもらってはどうだ。

満員電車で一悶着

名前◉通行人　一九一四［大正三］年八月六日［木］

一昨晩、西武門《にしんじょう》から十号の花電車に飛び上がったら物好きの野次馬がドヤドヤと乗りこんで、またたくまに息もつまるほどの満員となった。軌道会社の事務員らしい男がこのありさまを見て

「なぜ満員札を掛けなかった」

と車掌に喰ってかかったので、車掌は、

「今までは多少隙があったから満員札をおろさなかったが、ご覧の通り今満員になったのです」

と下から出でたれば、ますます付けあがり、

「ソンなことはない、大門前から満員だった。貴様はいったい生意気だ」

ときたので、さすがの車掌もグット癪《しやく》にさわり、

「生意気でも電車内は車掌の権限だ。僕が責任を負うよ」

と鉄槌《てつつい》を振り下ろしたので、事務員先生ギャフンとまいってしまった。

血の雨でも降らすから

名前●上之倉小路通赤人　一九一五［大正四］年三月三一日［水］

端道《はたみち》加那生よ、君は毎日人の攻撃するが、堪忍はできんぞ。僕も男子だ。貴様が賛成なら僕はいつでも賛成だ。便りの所へ来い。血の雨でも降らすから。

［沖縄県立図書館蔵］

●那覇通堂大通り

3

友情

恋愛とともに友人との交流も百年前の若者の関心事であった。近況報告や激励や苦言、なかには絶交宣言もあるが、ほとんどが他愛もない日常のやり取りである。学校の試験が終了しヒマだから遊びに来いと誘う投書、男三人で意を決し女性の友人宅を訪問する話など、公的史料には出てこない、百年前の沖縄で繰り広げられていた光景を目の当たりにすることができる。友人同士でミニ音楽会を開催した話は、バイオリンと三線、琴、横笛のセッションで沖縄古典音楽の「カヂャデ風節」を演奏したというが、どのような音色になったのか聴いてみたいものである。

文子さんとの恋愛の経過を投書していた「春花生」だが、病で与那原の病院に入院し、彼の身体を気遣う友人らが投書している。投書欄が彼らの通信手段となっており、個々に手紙を送るよりも一度に複数人が内容を確認できるメリットがあったのだろう。また早世した友人を悼む琉歌も掲載されており、当時の時代状況も感じさせる。

ちなみに戦前の沖縄には高等学校は設置されず、首里の第一中学、那覇の第二中学、名護の第三中学などの旧制中学、沖縄県師範学校、第一高等女学校ほか各種の教育機関があり、若者たちの青春の舞台であった。一九一二（大正一）年の中等教育機関（一中、二中、師範学校、水産学校、商業学校、工業徒弟学校）の入学志願者一一七四名、入学者は四〇七名である（『那覇市史』通史篇2）。決して数が多いとはいえないが、彼らはやがて沖縄の政治・経済・文化をリードしていった。

八重山から来た青年

名前◉玉波子　一九一二［大正一］年一〇月二三日［水］

春林君！　君は八重山の生まれであって、ある事業に成功するために恋しい故里《ふるさと》をはなれて那覇に来た！　それで成功しに来たにもかかわらず色街に多額の金銭を投じて勉強しておるとはつまらんじゃないか……君！　方針をかえて勉強したまえ。

謎のために脳ミソしぼってる？

名前◉かげきよ生　一九一三［大正二］年一月二四日［金］

文雄君――この頃は一向訪れてくれんじゃないか。何か用事でもあったのか。謎のために脳ミソをしぼっているのか？　まあ大抵のところで切り上げたまえ。今度の土曜にはまたも語ってみようじゃないか。例の時刻にやって来るからカルカン饅頭でもおごりたまえ。

しかし雨がひどく降ってたらその次の土曜にします。また君にさしつかえがあったら言ってくれたまえ。

実に君がうらやましい

名前◉那覇にて春花生　一九一三［大正二］年三月三一日［月］

本部《もとぶ》山中に帰省中のケー大兄《たいけい》よ。僕は実に君がうらやましい。僕はもう今の境遇に安じて切々と職に働いている。君よ、帰校の折りは何とぞ面白いお土産を持ってきてください。今帰仁《なきじん》の仙兄、渡久地の山兄および孫兄へよろしくお伝言してください。

大男三人、異性宅を訪問

名前◉テクテク生　一九一四［大正三］年二月二三日［月］

ある女へ。

この間、郊外散歩のついでに僕ら三人は君の宅《うち》を訪ねたよ。ところがはじめ決まりが悪く、僕ら三人は少時、君の門前で逡巡《しゅんじゅん》［*］していたのだ。異性の友人を訪ねるに大正は三年になっても沖縄の天地はまだまだ早いとみえるね。

三人ともあいゆずり合うて一人として鬨《とき》の声を上げる勇気のあるものはいない。平素強いことばかり言うこの三人の大男も異性の友人の前には存外卑怯だと君は笑うけれども、西洋の何とかいう英雄さん［*］のことを聞かないか。幾百万の敵に包囲されてビクともせないクセに女一匹のために頭を下げて詫びたということだ。僕ら三人は英雄さんと同じことだよ。

しかるにさ、実は君という異性の友に恐るるよりか、周囲の婆さんたちの口が面倒と思ったのだ。婆さんたちの口は無線電信のごとく早い。そしてその伝うるところは大方異なりたる主義のもとに判断を与えるカビ臭い無駄口で、君だってそれが恐ろしくはないか。

それでも僕ら三人は度肝《どぎも》をすえて君の宅の玄関まで進んで来客の真似をしたんだ。君のお母さんは庭に出られて乾《ほ》し物をされていた。玄関に僕らを迎えたのは六つくらいの少女であった。たぶん君の妹さんなんかであったろう。かわいい少女の口より「姉さんは那覇に行きました」と聞いた時、僕ら三人は少なからず失望してしまった。

今はグズグズしておれるわけでもないから思い切って帰途についた。ずいぶん足が重かったこと。人はすべて神経作用で足の重くもなり、軽くもなるものだと話したよ。いずれそのうち、また上がりましょう。

＊逡巡——ぐずぐずすること。しりごみすること。
＊英雄さん——ギリシャ神話のヘラクレスのことか。

相変わらずピンピンですか

名前◉那覇の友　一九一四［大正三］年六月五日［金］

今帰仁《なきじん》の丘春君は赤ン坊を産んで以来、トント音沙汰がない。赤ん坊は大きくなったか、妻君は達者ですか、そして君は相変わらずピンピン跳ね回っているか伺います。時々那覇に出たらどうです。那覇は大変違っていますぜ。

昨夜のミニ演奏会

名前◉音楽家　一九一四［大正三］年六月五日［金］

僕の宅《たく》に昨夜、赤助君とトク要領君と二人訪ねてきた。トク要領君は妻君までも連れてきた。そして音楽会を開いた。赤助君はヴィオリン、トク要領君は三味線、妻君は琴、僕は横笛を吹いてカヂャデ風節より恩納節《おんなぶし》まで合奏し、第三番目はすぐに二上がりの尾類小《じゅりぐゎー》節に発展させた。N君は例の違約を履行して芝居に行って、来なかった。

ハイカラ造りの家

名前◉水月　一九一四[大正三]年六月一一日[木]

松景君、この間は失礼しました。一見して君の家の美麗なるに一驚せざるを得なかった。近来のハイカラ造りですネ。小生は早く君が新妻を迎えられ理想的春のような家庭を作られんことを祈ります。さよなら。

慰めは君らのみ

名前◉於石門赤前掛　一九一四[大正三]年六月一二日[金]

西は某材木屋のクルー君よ
近頃は一向音信《おとずれ》がないではないか。僕も実はねー、ご承知の通り平日《いつも》店舗《みせ》の隅に機械のようにすえられて商事に忙殺せられ、かつある都合上、不本意ながらもつい君を訪れ得ないよ。かの糸満の空に輝く月に泣く船頭君はどうか知らん……
南国の春老いて初夏を告げくる今日この頃、蒸すがような苦しい暑さにますますふさぎ勝ちで、ことに理想の友たる君らと久しぶりに会わなんだので、心は日々冷たいような寂しい感じがするよ。
悲運の渦中に投じられて、もはや奈落の底に沈まんとせる僕が唯一の慰安とするのはた

[沖縄県立図書館蔵]

だ君らあるのみです。ああ君よ……いつかは面接の機会を得るでしょう。お互いの発展を期するの日もあろうよ。しかし今日は筆をとるのも嫌になったので、これでごめんよ。

勉強家なのに落第ばかり

名前●エム生　一九一四［大正三］年六月一九日［金］

わが胸中知る人ぞ知るで、何誰でもわが胸中を了解することはできまい。もし了解する者があるとしたならば、それは自分の弟でもない、父でもない、わが親友のK君一人であると思う。K君は自分の親友で、そして恩人であるのだ。彼は非常なる勉強家であるが、不思議にも学校ではいつも落第ばかりしている。実に気の毒な至りである。自分はK君の成功を祈ること最も切なるものがある。

休学した白水君

名前●岸笑生　一九一四［大正三］年六月二七日［土］

石門の白水君へ

ヤー、一ヶ月ぶりだなー。余も日々変わらず通学だ。君も相変わらず達者？　君が休学後、学校もあまり面白くはないのだ。四人ともに白校《ホワイト・スクール》を通学した時には苦楽を共し、空想にふけって実に愉快だった。しかし今日はちょっとも面白くない。親愛なる白水君よ、君は実に情けない。三人を残して休学してくれた。あー実に情けないねー。休学はあまり早かった。

おいおい、休学後も君と浪《なみ》君・白美君とと

もに四人遊んだことは一生忘れないよ。一日も君のこと忘れられないのだ。親愛なる白水君よ、また早く学校を出たまえ。苦楽を共にして四年間を終えよう。

→返信

名前●平好生投　一九一四［大正三］年七月一日［水］

白水君よ。君の休学しているということを岸笑生の投書ではじめて知った。君は家の都合でもあるまい。ただ自分一個のためであると思う。君の休学していることを、この平好生が同情せずにはおられない。

名前●岸笑生の投　一九一四［大正三］年七月五日［日］

ヤー、恋しき懐かしき親愛なる白水君よ。

君は旅行より一昨日帰ってきたよーだが旅のつかれもないか。余にも君の旅行土産として何か話でも実験談でも聞かせてくれたまえ。余は学期の試験も終わり暇だから遊びに来たまえ。余もこの二、三日内に君の家を訪ねるからねー。

やさしいメガネ君

名前●神経質生　一九一四［大正三］年六月二八日［日］

那覇医院の薬局眼鏡様を知り合いになったのは、僕がただ一度診察を受けに行った時からである。その後は僕の店先を往来するごとにちょっと立ち寄って挨拶するのが習慣のようになっている。僕はかの眼鏡様が来るたびに折りよくも仕事が余暇《ひま》で小説ばかり見ておったので、彼は僕に向かって「きみは小説狂人《きちがい》だな」と言って立ち去った。

すぐその翌日も例のごとく店に立ち寄って「この小説《ほん》は僕の蔵本《もの》だ、よほど読み味があるから見たまえ」と眼鏡ごしに打ち眺め笑って、丁寧に挨拶して立ち去った。彼はさだめて診察を受けに来る患者に対しても貴賤貧富の区別なく、丁寧親切に取り扱うことは推察して確かめられる。僕は実際、かの眼鏡様の赤心《まごころ》こめての親切ぶりには感服したよ。

［沖縄県立図書館蔵］

病気のS子さん

名前●静枝より　一九一四［大正三］年七月九日［木］

懐かしいS子様、不幸にもあなたが病魔に襲われて学校をお休みなされてより長いことお見舞いもせず、どうも失礼いたしました。ご容態はどうでありますか、お伺いします。いずれ学校を休みましたら、お邪魔に上がりましていろいろのお話もいたしましょう、サヨナラ。

エグジャムをヲバーしてヒマ

名前●下泉親友生　一九一四［大正三］年七月一〇日［金］

埋地の○○材木店のカミー君へ。

ヤー、親愛なるカミー君よ、君は相変わら

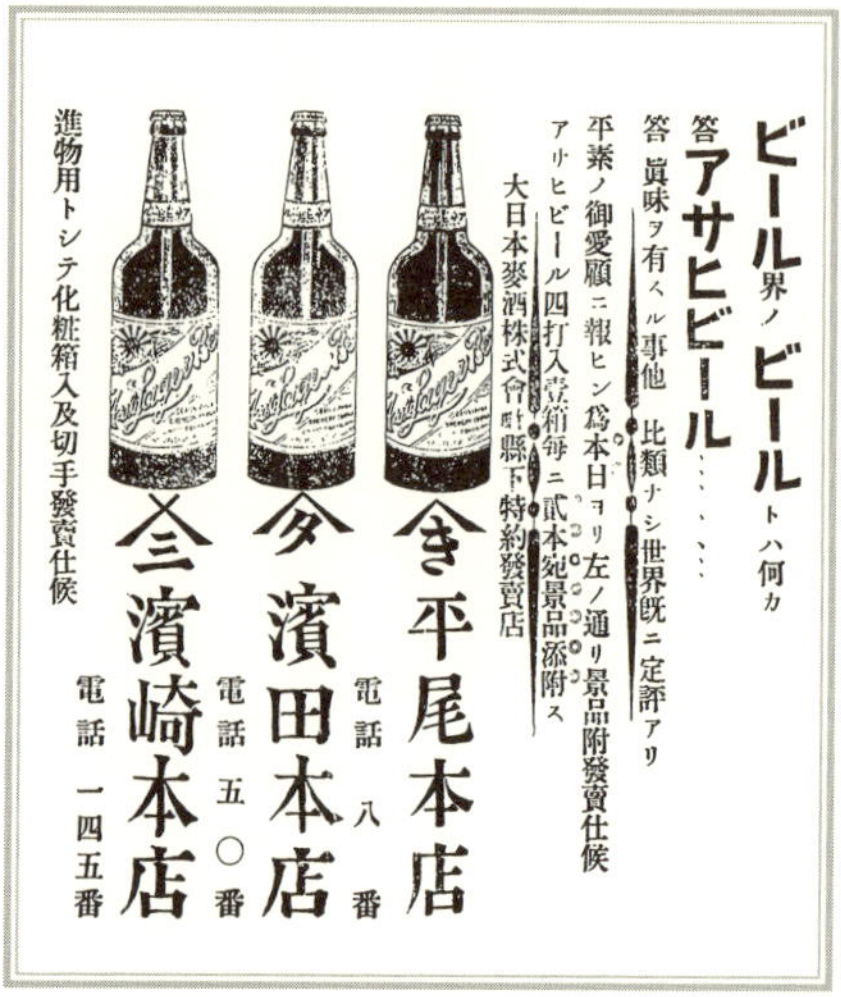

［沖縄県立図書館蔵］

ず達者？　余も変わらず達者であるよ。君たちは一昨日でエグジャムネーション（examina-tion＝試験）を終わったであろー。余は君の成績が好成績であるということを信じて疑わないのである。

余もエグジャムをヲバー（over＝終わる）してヒマであるから遊びに来たまえ。君は近頃一向通信もないよーですねー。通信してくれたまえ。

友が手術する日

名前◉梅生　一九一四［大正三］年七月二六日［日］

今日は戊《ぼ》酉《ゆう》の日なり。最愛なるが友が手術する日である。この戊酉の日は吉か凶か。易学なんて知らないから吉凶を明らかにすることはできない。我が友はこの日に姉妹や親類もない病院に向かったであろう。

院内の一室、磨ガラスの高窓で四方を密閉した一種特別異様な消毒薬のにおいが、息つまるほど重苦しくみなぎって、コンクリートを敷きつめた床の上の手術台に登った後は、限りなき寂寥《せきりょう》の感に打たれつつ、なかば死神の手に抱かれおるもののごとく思ったであろう。苦しくて泣きたかったであろう。

暑さは暑し、ああ手術後の経過はどうであろう。発熱せねばよいが。熱は発せぬか、切り傷は痛まぬか、僕は切に君のことばかり心配している。君よ、かく心配してる僕を見捨てたまうとはひどい。僕は君恨まずにはいられない。

まことに感心しております

名前●東の初枝子　一九一四[大正三]年八月七日[金]

若狭町の真佐子様、ああ今年の春の旧三月をかえりみれば懐かしい印象を思い出されてねー。津嘉山さんとやら申す。姉さんと四、五人、私らの校舎へいらした時、お菓子などお土産に頂戴して実にありがとうござりました。今、あなたは就職なさっておらるるようだけれど、かたわらご両親のお加勢をなされていらっしゃるそうで、まことに感心しております。他日きっとご成功なさることと祈っております。サヨナラ。

友を惜しんで琉歌

名前●久米生　一九一四[大正三]年八月二六日[水]

余の親友、必敬君を惜しんで琉歌三首

「この世ふり捨てて先《さき》なたる友《どうし》の朝夕　面影の立ちゆまさて」(この世をふり捨てて先に逝った友の面影が朝夕強く浮かんでくる)

「世話も喜びも語らたる友や　あわれ草の葉の露になため」（悩み事も喜びも語った友よ。ああ、草の葉の露のように儚く消えていったのか）

「さだまらぬこの世後先《あとさち》とやすか　あわれ先なたる友の惜しさ」（定まらないこの世、後先となったらよいのに。ああ、先に逝った友の惜しさよ）

親愛なるフレンドよ

名前◉羊毛生　一九一四［大正三］年八月三一日［月］

親愛なる我がフレンド吉尾君よ

　さて君が我が家を去るを惜しむ。ながなが兄弟のごとく交わりしことは、別れても互いに変わらぬよう、一層交情を厚くしてくれたまえ。願います。

入営せし友へ！

名前◉若芽生　一九一四［大正三］年九月七日［月］

入営せし赤君へ!!

君よ!!!　欧州戦乱［＊］はついに我が帝国にまで多少の影響を及ぼしすでに宣戦の布告となり、加藤第二艦隊はそれとともに膠州《こうしゅう》湾口［＊］を封鎖するの痛快の宣言の公報も発せられたり。ここにおいて我輩は衷心欣快《ちゅうしんきんかい》［＊］を禁じうるべからずである。

　されど、ひたすら懸念してやまないのは交情としての君のことである。なぜなられば君もやはり兵役に服する陸軍軍人としての名誉も授けられてめでたく入営したのである。しかりこの大戦に君ら新兵も戦場に出でて功業を立てえらるるか否かは我輩らが知るところではないが、とにかく軍人たるうえは出征すべきことである。

もしいよいよその時が来る好機にこそ逡《しゅん》巡《じゅん》するなかれ!! 奮闘して球南男子の手腕を発揮したまえよ!! 君!!!

＊欧州戦乱――第一次世界大戦。
＊膠州湾――中国青島のドイツ租借地。第一次世界大戦の勃発で連合国側の日本の攻撃を受け、一九一四年一一月七日に占領された。
＊衷心欣快――心の底より嬉しいこと。

病床の春花生

名前◉春花生　一九一四［大正三］年一〇月三一日［土］

今日も本欄へお顔が出るだろー。明日も、といつも電気会社の朝の汽笛とともに病の気も忘れて、おさふみ君の宅《たく》に行って新聞を見るのが僕の一つの慰みですが、本欄全盛時代の方々は一切見受けません。諸君よ、僕は病にとりつかれ病床に呻吟《しんぎん》［＊］しております。何とぞ奮励なされて本欄を賑やかしてください。

＊呻吟――苦しんでうめくこと。

名前◉春花生　一九一四［大正三］年一一月四日［水］

病床より
太かった細い腕《かいな》を握って、こんな感が湧いた。親が立派に造ってくれたこの躰に病気がついてこんなに痩せた躰になってしまった。これ誰の罪でしょう。ほかの病気ならとにかくだが、病気が病気だから己《おのれ》の口から出して誰の罪とはどうしても言われぬ。折しも隣の部屋で猫がニャーと鳴いた。僕はかの猫の鳴き声がちょうど自業自得と僕をあざけるように聞こえて、思わずひやりとした。

→返信

名前◉若狭の浦にて　一九一四［大正三］年一一月四日［水］

春花生君、ご交際《つきあい》をお願いします。

→返信

名前◉古木生　一九一四［大正三］年一一月八日［日］

全快せる春花生君へ

その翌日より僕は五、六回も君の家を訪《と》うたが、あいにく閉められ、聞けば久茂地なる義兄の家にて療養しているそうだが、知る事をえず、一昨日散歩の際、中島上道の友人某に逢い、話によれば全快せるよしにて、その刹那の余は嬉しさに禁《た》えなかった。

→返信

名前◉春花生　一九一四［大正三］年一二月八日［火］

春魁・古木・おさふみの三君へ。一度病魔にとりつかれし僕は、容易にそれを打ち勝つことができない。とうとう与那原〇〇医院入院室の人となったのだ。わずか四畳の室内に語る人もなく、小説・雑誌に空いた時間などは、運ばぬ足をひきずりつつ、浜へ出でて中城湾内自然の美観を見るのが無上の快楽としています。折あらば、我が薬臭き入院室を御訪ありて一言の慰籍《いせき》を与えてください。

→返信

名前◉与那原春静生　一九一四［大正三］年一二月一四日［月］

おさふみ君へ、君は近頃音信《おとずれ》がないようだがどうしたんだ。春花生君にはまた病気再発して、朝夕一人淋しく我の入院室に入院患者となりおるが、見舞いにでも来てはどうだ。

絶交した友へ

名前◉清生　一九一四［大正三］年一一月一五日［日］

渚灯子君へ

月日のたつのは早いものです。私は君らに絶交されてから五ヶ月あまりを辛い苦しい生活で過ごしたよ。私はただ陰鬱《いんうつ》たる小さい室で一人悲しいまた懐かしい昔のことが思い浮かばれて、いたずらに身の罪を悔いて袖をぬらしておりますよ。

［沖縄県立図書館蔵］

地獄に仏の思い

名前◉清生　一九一四［大正三］年一一月二六日［木］

壷屋焼君、去る夜君が余の宅を音信《おとずれ》てくれたのは実に余は地獄に仏の思いでした。君に初めて会うた余は懐かしい悲しい昔のことが一時に小さい胸の底に思い浮かんだよ。旧友の情から君の厚意は実に忘れがたい。呼吸はただ広々寂たる野の中に孤《ひと》り頼りない君の悲しい身を余は蔭ながら察しているよ。

yo子とM子

名前◉yo子　一九一四［大正三］年一一月二六日［木］

M子！　あなた様とお別れ申しまして幾度か月は変わりました。あなたはほんとに情けないわ。一向お便りはないではありませんか。ほんとにあなた様はその後どうお暮しあそばしまして？　M子様、庭のあの野菊は咲いています。萩《はぎ》もつぼんでいます。去年の今頃でしたでしょう、二人で、

「海原越えてなきゆく雁《かり》も　秋風吹かば再び来なん　わするな君も萩咲く頃は　帰りて共に月見ん契り」

　と口ずさんだことをもうおん忘れなすったの？　便りさえもないとはほんとに情けないわ。もしやあなた様お嫁に行ったのではありません？　違ったらごめんください。K子様にでも会ったら聞こうと思いますけれども、あの方にも会えませんの。M子様、必ず御音信《おとずれ》をください。萩も近いうち咲きます。

君は成功したようだね

名前◉西本町の旧友より　一九一四［大正三］年一二月四日［金］

朝安君よ、君は成功したそうだね。私は隣の次郎小《じろぐわー》君から聞いたが、中学卒業の資格を得んということを。

君とは交際を絶つ

名前◉涙　一九一五［大正四］年三月二八日［日］

無責任な中傷的な記事を書く人間の臆病さ加減と不徹底な態度は笑うべしだ。白龍と交際を絶つ。

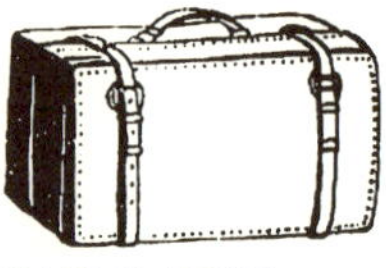
［沖縄県立博物館・美術館蔵］

失敗した君に

名前●花山　一九一五［大正四］年三月二九日［月］

友人K君に!!!　人生は坦々たる平穏な道ではないことは承知のはずだ。盛衰興廃は世の常、失敗成功は人の習いだ。今度の君の失敗は、むしろ君にとっては楽観すべきことにして、かつ君のコンパスを強くするのだ。遊びに来たまえ。

自分の言葉を思い出せ

名前●新愛友　一九一五［大正四］年三月二九日［月］

天妃町○○君に呈す。君は郷里の住家が火災にかかりしを気にし、非常に落胆して一室に引っ込んでいるようですが、君は「男子志を立て郷関を出ず。学もしならずんば死すとも帰らず」と言うたんでないか。なお一層勉励あれ。

新しきホームを祝す

名前●旧友　一九一五［大正四］年四月六日［火］

政美《せいび》君、君の新しき温かなホームを祝し、なお遠き将来までもご交際あらんことを願う。

残る半生を杖と頼むから

名前●浦里生　一九一五［大正四］年四月二五日［日］

我が親友の翠雲《すいうん》生君、僕は君を兄弟として交わり、残る半生を杖と頼むからどうぞ今後もないよう堅く誓っておく。

●那覇市街［那覇市歴史博物館蔵］

4

最近の若者は……

年配者からよく聞く「最近の若者は……」というフレーズだが、百年前の若者はどうだったのであろうか。投書から見えてくるのは、煙草を吸い酒を飲み、はては辻の遊廓街にまで繰り出す学生たちの姿である。当時の三面記事でも、盗みを働いた「大胆なる不良少年」（一九一二［大正一］年八月二二日）の記事や不良少年による「親の金を盗んで女郎買」（一九一三［大正二］年四月二八日）、不良少年らが窃盗団を組織し、検挙された「不良少年の横行」（一九一四［大正三］年三月三日）の記事など、不良少年による犯罪（主に窃盗）が散見される。こうした事件をうけて「不良少年問題」（一九一四［大正三］年七月一日）の記事には「昨今また不良少年の犯罪季節となり、那覇区内の被害頻々として警察もこの厄介物の始末に困りおる」と記している。

ここまでのレベルではないが、投書では「肉に飢えた野獣のような目つき」で女子師範学生をにらみ、集団で女湯をのぞき、近隣の女性を口説き、ホームレスに石を投げつける青年たちと、品行方正とはいいがたい若者（現在存命なら一〇〇歳以上）のオンパレードだ。こうした若者たちに対して、当時の大人たちが苦言を呈する。「今の学生は親のスネをかじっていながら、片方ではイヤにませている」「骨を抜いたような人間が多い」と評し、昔の学生は「男一匹で大道狭しと歩いた」硬派であったという（「腰弁」の投書）。

「最近の若者は……」という言葉は歴史的に繰り返されてきたということが、これらの投書からも明らかであろう。

暗がりで女の肩に手をかけて

名前◉矯風帽子職工　一九一二［大正一］年一一月一六日［土］

十一日夜、久茂地尋常小学校へ教育活動写真を見に行った。ところが来会者中について、暗いのを好機会として数多《あまた》の若い男女が立って左右に押し合い女子の後方に男子が立ち、中には女の肩に手をかけて呆然と立っているのもある。また人が懐に手を入れたと言う女もあった。

私の思うところには、活動写真とか教育幻灯とかで夜催すときに保護者は女子部では女、男子部では男を入場させるようにしたい。しかし女子を持つ家庭で女が保護者として行き得ぬ所があるか知らぬについて、何かよき方法を考えるか、あるいは男女別々に席を設けるかしたら立派なことになると思う。

左様せぬとせっかくの教育がかえって密通の媒介になるようになるから、当局の反省をうながす。

［沖縄県立図書館蔵］

中学生が煙草

名前◉実見生　一九一二［大正一］年一二月一一日［水］

何れの中等学校においても酒と煙草は禁物と思うが、近頃中学生が該校の取締り不充分か、さなくば堕落のゆえか？　制服制帽の学校帰り脇道を通って喫煙するものがあり、または図書館内で小説を愛読するものを見受くるから、学校もよろしく注意ありたし。

名前◉見聞生　一九一三［大正二］年一月一二日［日］

近頃はまたまた中等学校生徒が煙草を吸い、毎晩辻遊廓に登楼し、朝四時五時に帰宅するそーな。受け持ちの先生はよくよくご注意。

名前◉四国丸一船員　一九一四［大正三］年六月二九日［月］

昨日、第一中学生が桟橋の瀬、客待ち合い所の前で四、五人あい寄りそうて喫煙するのを目撃せり。未成年時代しかも修行時代に喫煙するはあまり感心できない。

風呂をのぞく若者

名前◉湯に入る女　一九一三［大正二］年一月一五日［水］

西武門佐久川湯屋の主人にお願いします。

あの高志保と言う理髪屋ではいつでも五、六人の二才《にーせー》［＊］連が集まって、しきりに女湯をのぞいて嬉しがっておるから、そこはひとつ何とか方法をこらして外から見えないようにしてください。中におる人々が一方ならん迷惑をするからこの際、至急に外部からのぞいても見えないようにしてくださるようにお願いします。

＊二才——青年。

美人画を切り取る少年

名前◉sk生　一九一三［大正二］年一月二一日［火］

去る十三日午後三時半、図書館において読書中、前の方にいたる十六、七歳ぐらいの少年□演芸油画報を切り取ってこっそり懐に入れた様子。

僕は知らぬふりをしていたが、これは徳義上捨て置くべきでないと思い、とがめようとすると何喰わぬ顔してさっと立って画報を返して急いで去った。僕は念のために演芸画報を借りて調べてみると、果たして紙の切り取ったあとが残っていた。

ただちにかの少年に話すと、少年は館長に申し出た。それから小使《こづかい》が行って取り返してきた画を見ると、口画中の二枚折りの大画で美人画であった。

ただ一時の出来心から美しい画が欲しくなったのか知らぬが、それにしても剛健なる武士の画などならいざ知らず、美人画と言うことでは実に質《たち》の悪い奴だとしか思えない。

深夜の石投げ

名前●愛読生　一九一三［大正二］年四月七日［月］

先日の晩、私が辻端道《はたみち》の四十二階右側のうちに行った時、中前の電灯が消えているのを幸い、十四、五才くらいの生徒らしい少年五、六人が同所の中前に石や下駄を投げていたずらをしているのを見受けたから、教員諸君のご注意をうながす。

肉に飢えた野獣の目つきで

名前●腰弁の君子　一九一三［大正二］年六月一四日［土］

古市校長さんにご相談申し上げます。

それは、ほかのことではありません。生徒の風儀上の取締りでありますが、アノ図書館のある二階の縁先から往来を望んで生徒がいつも通行人をひやかし、時に妙齢の婦女子が通行すればヒャヒャだとか何だとか言ってはやし立てています。

　ことに正午になって女子師範の生徒が寄宿舎から学校に来る時には、彼らはまるで肉に飢えた野獣のような目つきでにらんでいるさまは、全く生徒としての所為ではないだろうと思います。

　それが何級の生徒だとは申しませんが、おおかたいつも同じ生徒らしく見受けます。どうぞよろしくお取り計らいを願います。

［沖縄県立図書館蔵］

夜の快楽場

名前●前島帽子カチャー兄チ小　一九一三［大正二］年九月一二日［金］

　二、三日前の晩、夕ご飯をすまし、あまりの暑苦しさに家を飛び出して友達二、三名と潟原の砂台に腰をかけ、潮風に吹かれつつ世間話に時を移していると、いつのまにかついー、二間先に黒い二つの塊がさも楽しげに寄り添うて話し合っているのが、どうも若い男女らしかったのでよくよくと注意して見ると、男は顔を隠しているが学生風の中丈《ちゅうたけ》で女はたしか兼久大通り付近の者で垢抜けのした小柄な娘だったと思う。
　自分らに驚かされ雲を霞《かすみ》と手と取り合って逃げてしまったが、よく潟原ではこういう、いわゆる新しい男女の徘徊すのを見受けるが、

◉潟原塩田［那覇市歴史博物館蔵］

今後こういう不貞なやつらは引き捕らえて相当の制裁を与えたいものだ。すなわち夜の潟原は腐敗した男女の快楽場だ。

みっともない女学生

名前◉生徒の一人　一九一三［大正二］年九月二二日［月］

高女校二年乙組の生徒らは通学途中、通行人に悪口を言ったりまた知人でもない人にお辞儀をしてキャッキャッ笑い興じたり、それはそれはみっともない振る舞いをしています。なかにも○○○さんと○○さんが一番煽動者で、他の生徒までも一般に不行状になりますから、どうか先生方で厳しくお取り締まりくださいませ。

新聞に投書をしては悪いとは思いますが、

女学校生みんながわずか二、三人のために不行状のように思われますのがくやしゅうございます。

香水好きの女

名前●髪男　一九一三［大正二］年一〇月一〇日［金］

僕の隣の娘さんはあまりベッピンではないが、愛嬌のあるところから同業者の帽子連中から「香水小《ぐわー》」とあだ名されている。それはもう何時もチックや香水でめかすからだ。

酔った学生、先生宅訪問

名前●二合子　一九一四［大正三］年三月五日［木］

去る（二二日）、大中大石の前を通ったら師範生らしい者が酔うているのを見た。そして通行人をジャマしていた。味田教頭宅の下女を捕まえんとしていた。それから女学生が通るのを見て「ヤーヤ」何とかかんとかと言っていたようだし、遊んでいる子供らを捕まえようとしたりしていた。最後に彼は矢袋先生宅へ行って「ゴメンナサイ、ゴメンナサイ」と呼んでいたようであったが、中から人の足音が聞こえたので、門を出て逃げて行った。

遊廓に学生が

名前●一父兄　一九一四［大正三］年三月二八日［土］

区内近くにある実業学校の生徒が近頃ずるけてきて、はなはだしきはほとんど毎晩も遊廓内に見受けます。あれではどうしても中等学校の模範生とは言えぬ。かえって怠惰生とみられております。よって何とぞ校長殿ならびに諸先生方、我々父兄らが黙すにしのびず、ちょっとご注意申し上げますから彼らをして厳重なるお取締くだされんことを願います。

名前●注意生投　一九一四[大正三]年五月一四日[木]

雨の一昨夜、秋月君と一緒に後道小湾に登楼したが、袴を着けた青年が誇々《ここ》顔《がん》にチビリチビリと飲酒しているのをのぞいたが、学校生徒らしい者がいた。遊廓内には袴を着けないようにお出でになったらよろしかろうと思う。

名前●弧月生　一九一五[大正四]年三月二四日[水]

近頃、中等学生が制帽のまま辻へ足を入れ、はなはだしきは酔うて乱暴をなす者あるをまま見受ける。監督の先生方のご注意を促す。

名前●厭世慨　一九一五[大正四]年三月二八日[日]

→返信

弧月生君は中学生が制帽をかぶって辻へうんぬんという投書をしているが、いやしくも中学生全体の体面に関することだから、無茶に根拠のない投書は考えてしてくれたまえ。

ホームレス狩りの不良少年

名前●太郎生　一九一四[大正三]年五月一八日[月]

つい四、五日前のこと。ちょうど僕がバクチャ屋[*]付近を逍遥《しょうよう》[*]していると、今しも五、六名の青年がやって来てバクチャ屋に住まっている乞食の小屋へ石を投げていた。すると五、六十才くらいになる結髪の乞食爺が出てきて「どうぞそんな悪戯《いたずら》はよしてくださ い」と哀願するを聞かばこそ、ますます興に乗じて小石を投げ□や□。実に手に負えぬ暴行を加えて面白がっていた。彼らはいずれも不良少年の徒であった。

＊バクチャ屋——那覇の辻付近にある地名。

＊逍遥——気ままにあちこちを歩き回ること。散歩。

理髪屋の色ガキ

名前●前之毛三郎　一九一四［大正三］年六月六日［土］

新埋地をご散歩なされし諸君は中道の向こう、新街道にある理髪屋に色餓鬼がいる。こやつは一度ならず二、三度も近辺の処女《むすめら》にひじ鉄砲を喰わされしにかかわらず、根気強くも掻《が》き口説きて手折らんとする失敬な奴じゃ。私の妻君《つま》にも怪しき言葉をかけたという。もう一度かかることをすると叩き殺したうえに姓名までも発表するから左様心得ておけ。ちょっと注意まで。

→返信

名前●西木生　一九一四［大正三］年六月九日［火］

前之毛三郎へ申す。君の去る六日の投書に、中道向こうの新道の理髪屋に色ガキありて君の妻にも秋波《しゅうは》を送ったとあるが、実際左様であったとすれば本名をスッパ抜いてやったらどうか。たぶん君のウソを言うのじゃなかろうか。

→返信

名前●前之毛三郎生　一九一四［大正三］年六月一一日［木］

開けて口惜しき玉手箱、西木生よ。この色

ガキは名をアラカキマサ◯と言う。今後近辺の娘らにけしからぬ挙動《ふるまい》をすると、犯した罪を暴くから左様心得よ。

→返信
名前◉中道の石敢当三郎　一九一四［大正三］年六月一九日［金］

前之毛三郎生君に一言を呈す。君は去る六日の投書に中道の向こうの新道にある理髪屋に色ガキあって君の妻へも秋波を送ったとかいろいろ不都合千万、失礼なことを言うが、君が男らしく正々堂々として公然と氏名を発表してやりたまえ。

また処女にヒジ鉄砲を喰わされしにもかかわらず口説かれたとか言うが、そのようなことを言うよりはむしろ処女らを慎ます方が君の手段だ。もし事実としたら自分でその理髪屋に行って公然と忠告したらよいではないか。

→返信
名前◉前之毛三郎生　一九一四［大正三］年六月二〇日［土］

君は去る十一日の新聞を閲読しなかったか。君は寝坊だからまだ見なかっただろう。君、十一日の新聞に公然と発表してあるから後戻りしてご覧なさい。君のように昔のことを今からグズグズしていると時勢に遅れてしまいますよ。僕は君のように浪人生活じゃない。僕はオクロック（時計）のごとく終日暇なしじゃ。まずご返答まで。

女学生に笑われた

名前◉男じゃ生　一九一四［大正三］年六月一八日［木］

六月十三日、美栄橋《みえばし》辺を女学校生が五、六名歩いていた。彼（女）らは前から来る老婦人

◉女学生卒業写真［那覇市歴史博物館蔵］

のつれた小さい女のおかしな顔つきを見て、あたりもはばからず乱暴に笑いつつ、のそりのそりと歩いていた。僕が彼（女）らを追い越すや、僕に向かっても何かと冷やかし的なことを言って、はては「いや女が男装してるんですよ」と言うにいたっては呆れた。僕がひょろひょろ、ぐにゃぐにゃした者ならとかく、筋肉隆々たるこの僕に向かって実にけしからん。女学生もずいぶん生意気になった。

→返信

名前◉久茂地ニテ博坊　一九一四［大正三］年六月二四日［水］

男じゃ生君、女学生らに冷やかされて泣き面で新聞に投書なんてあんまり感心はせんよ。現場では何とも言えないクセに影でグズグズするは、つまり女学生らに冷やかされる一大原因だ。極端に言えば実際、彼（女）らが言ったとおり女々しいのだ。

君は体格は筋肉隆々としているが、それはウソだろう？　もしそうでなければ君はもっと精神修養でもして男らしき男になってみよ？　そしたら彼（女）らに冷やかされることは断じてないと信ず。

→返信

名前◉男じゃ生　一九一四[大正三]年六月二九日[月]

久茂地の博坊よ、僕が女学生に対して何も言わなかったのは大いに僕の落ち度であることを認める。しかし君、僕は泣き面で紙面に投書するそんな男じゃない。僕の風采は決して女子的にあらずじゃ。僕は某学生である。筋肉隆々としている。

僕は首里の者じゃから那覇女学生の姓名を知ろうはずがない。僕の身体が見たいなら明日、観音堂まで来たまえ。しかし僕は君が女であるか男であるか、それは僕にはXである。しかし君がちょっとヒントを与えてくれたからちょっとはわかった。君は愛堂の何じゃないか。

骨を抜いたような若者

名前◉腰弁　一九一四[大正三]年七月一日[水]

今の学生は親のスネをかじっていながら、片方ではイヤにませている。女の品評を口にするか試験の点数を苦にするか、まずこの二つを出ない。これに反して昔の学生はどうで

[沖縄県立博物館・美術館蔵]

あったか。しかし自分は昔の人ではないから詳しくは知らぬ。とかく押しもせぬ押されもせない、男一匹で大道狭しと歩いたのは事実だ。今の学生のように骨を抜いたような人間が多いには駄目だ。学生諸君、かっぱつな人間になってもらいたい。

不良少年のイタズラ

名前●通行人　一九一四［大正三］年七月一七日［金］

上の倉又吉医院の看板は、よく西洋洗濯屋（クリーニング）の看板と掛け換えられたり、またはヤブー医者と書かれる場合がある。これはたぶん不良少年の悪行であると思います。何とか厳重に取り締まる方はないものか、お医者と洗濯屋と間違われては又吉先生もさぞご迷惑に違いない。

テイコクカンヅメ

名前●なかしま生　一九一四［大正三］年七月二三日［水］

久茂地技芸学校にテイコクカンヅメという、すこぶる付きの喧嘩狂がいる。女のくせに喧嘩ときてはどこからでも飛んでくるという代物。そのうえ食いしん坊で小学校時代から買い食いの名人でずいぶん小学校の先生を泣かしたものだ。そも、このテイコクカンヅメの起こりは夜昼の別なく、ひまさえあれば帝国館［＊］に詰め込んでいるからだそうな。

＊帝国館——戦前沖縄の映画館。那覇の東町にあり、一九一四（大正三）年三月に開設。

●沖縄最初の映画館「帝国館」[那覇市歴史博物館蔵]

落第して遊廓通い

名前●茂三郎　一九一四［大正三］年八月一一日［火］

○○君よ。君はこの前の試験に落第したといって大いに憤慨し、はては廓に耽溺《たんでき》しているようだが、君、夢にさえ励まされた人があるじゃないか。廓に遊ぶ暇を利用し大いに勉強したまえ。もしこれに反したら将来キット悔やむことがあるだろう。

中学生に苦言

名前●憤慨生　一九一四［大正三］年九月一三日［日］

若狭町の中等学生君よ、君は中等学生の資格を有しておりながら外出するたびに袴を着けて出たことがないし、袴を着けずにダラダラして歩いておるではないか。まだ君は昼は家へ引きこもって女中を相手に冗談口をきくし、夜になるとカニの穴から這い出るようにソロソロ家を出て目をキョロキョロしながら夜犬になって歩くではないか。君のようなは学校の名折れだぞ。以後注意しなければ名をすっぱ抜いてやるぞ。

青少年へのアドバイス

名前●好子　一九一四［大正三］年九月二八日［月］

沖縄の男女学生諸君、今少し思想を高尚にして、途中は視線を正しくして闊歩《かっぽ》したらどうだ。

名前●忠告生　一九一四［大正三］年一〇月三〇日［金］

青年諸君よ、一時の感情に走りて軽挙なる行為に出《いず》ると後で悔悟《かいご》することがありますよ。

名前●他所者活動子　一九一四［大正三］年一〇月三一日［土］

青年諸君よ。自己の所信もなく他より雷同されるようでは駄目だよ。今日の社会は生存競争と知れ。

名前●繁生　一九一五［大正四］年三月二八日［日］

寒骨生へ。悔いは一生の害なり。勉励は成功のはじめなり。ゆえによく勉励あれ。

名前●松山町秋月　一九一五［大正四］年四月一三日［火］

人に接して温厚にしてかつ謙遜なるは青年にとりては実に成功の秘訣なり。食品会社長川口氏のごときは実にその点において成功せる人なり。氏は我々青年にとりては実に学ぶべき人なり。

名前●UE生　一九一五［大正四］年四月一五日［木］

イト君、今の生存競争の激しい世に毎週、活動［＊］や芝居を見ては駄目だ。今の壮年のうちに奮励せんと老いて愚痴をこぼしたって追付《おっつ》かないよ。

＊活動——活動写真。映画のこと。

お転婆女学生

名前●○○文子　一九一四［大正三］年一二月一〇日［木］

女学校三年甲組の○▲さんはお転婆だよ。

学校に行き戻りに中学校や商業学校の男生徒の方々が通る時わざわざ大きな声でおしゃべるのだよ。

［沖縄県立博物館・美術館蔵］

人の悪口を言うな

名前◉薬局生　一九一五［大正四］年二月一日［月］

K君に問う。近頃君はよく人の悪口を言うが、そんな者に限って裏面には唾棄すべき醜行があるもんだよ。長上に反抗するのが人間の能ではない。君、少し活眼を開いて天下を統一した秀吉の幼時を研究してみたまえ。

「カチューシャの歌」を歌う青年は

名前◉浮松生　一九一五［大正四］年三月三日［水］

「カチューシャの歌」［*］を唱《うた》いつつ道行く青年の未来を考うれば、実に寒心にたえない。

＊カチューシャの歌――一九一四（大正三）年に大ヒットした松井須磨子の曲。日本人の作詞・作曲による初の洋風メロディの流行歌で、レコードは二万枚を売り上げた。

→返信

名前◉凸面坊　一九一五［大正四］年三月一六日［火］

浮松生君へ。君は「カチューシャの歌」を歌う青年の末、寒心にたえないと言うが、僕は歌う一人だ。いかなる理由《わけ》あってそう言うか。

5

クレーム

世の中、生きていればどうしても周囲との摩擦やトラブルが起こる。不満を持つ人々は関係各所に直接クレームを入れるだけではなく、新聞紙上の投書欄を公開クレームの場として活用していた。近隣の騒音や煙害、イタズラや公共のマナーに対するクレームに加え、電車や電話局、電気会社、警察官、商店、病院などへの苦情も見える。

なかでも電気会社に対しては夜中の停電や低電圧についての不満を投書している。戦前沖縄の電力は一九一〇(明治四三)年に沖縄電気株式会社によって久茂地発電所が操業を開始。石炭による火力発電で一〇〇キロワットが一基、供給地区は那覇・首里・島尻で六四〇戸であった。料金は高く、何より低電圧で電灯も薄暗く、とても使えたものではなかったという。一九二七(昭和二)年頃から政治運動団体「黒十字軍」による電気料金不払い運動が激化することになった。

また興味深いのは近所のユタへの苦情だ。ユタは伝統の女性霊媒師・霊能力者で現在でも沖縄各地に存在する。迷信を広める者として歴史上、しばしば弾圧の対象となった。一九一三(大正二)年二月、那覇で大火が発生した。人心が動揺するなか、迷信により不安を煽る者として「ユタ狩り」がおこなわれ、彼女らは次々と逮捕、裁判にかけられた。新聞などのメディアも弾圧の動きを後押しした。ユタに関するクレームはこうしたユタを問題視した動きと連動していると思われる。だが、現在でもユタ業が「盛況」なように、結局、弾圧は成功しなかった。

煙草を燃やさないで

名前●迷惑生　一九一二［大正一］年八月二五日［日］

煙草専売局長に頼みます。近頃貴局においてさかんに煙草を燃やされ、これがため付近人民は頭痛・嘔気・呼吸不利などをきたし、迷惑一方ならざるは、もってこれをやめるか、または可及的、民家を遠ざかる場所において燃気してください。

小学生の喧嘩

名前●宮古生　一九一二［大正一］年九月一一日［水］

近頃那覇で一番蛮的視されているのが区内宮古宿小路である。なぜならば小学校の生徒が友達同志二組に分れて毎夜喧嘩をしているとのことだが、これは社会風教上注意せねばならぬことと思われる。

宮古宿小路辺りの子供らにかぎってキットこのような悪いことをたびたびやっているが、それについてよく聞いてみると、何でも高等科生の年上の者が大将になって、その年下の尋常科生の者へ対して誰と喧嘩せよと命令するそうで、もしもこの命令を聞かなかった時には一向遊ばせんとか言うているそうだ。それで年下の尋常科生はやむをえず喧嘩するそうである。実に言語道断なことではないか。

宮古宿小路の子供らの父兄方に各自の児童取締りをやってもらいたい。そして右様悪い友、年上の高等科生なら先生で強く罰をやってもらいたい。

名前●静鶴記す　一九一二［大正一］年一〇月三〇日［水］

先日の本紙読者倶楽部に宮古宿小路のいたずらな子供のことが書いてあった。近頃は新聞紙上に悪いことがのっていないで自分はすこぶる喜んでいる。

折りしも悲しむべきことが起こった。それはどんなことというに、まずいたずら小僧のことである。いたずら！　イヤ、少々のいたずらは子供のことだから堪忍もしてやるが、少々どころでない。

一体どんなことをするかと言うに、第一、小泥棒だ。先日、自分が縁に出て本を読んでいると、突然《いきなり》ヤッテ来て地図を持ちて逃げようとするので、取られてなるものかと飛び下りて腕をぐっと握ってやったら泣き出した。自分は注意を与えて許してやった。本日もまた来て鉛筆か何かを持って行こうとしたので取っつかまえて、一ッ二ッなぐってやったら大きな石を投げて逃げてしまった。

マー、右の様なことだ。心当たりの親々は注意ありたし。

電車が開通しない

名前●電車好生　一九一三［大正二］年二月二四日［月］

二月十一日の紀元節から開通を始むるとの話であった電車が、今に開通せないのはどういうわけだろう。近頃は一向工事もやらんようだが、せっかく計画した文明の利器は一日も早く実現したいものだ。

恐怖の落とし穴

名前◉失敗生　一九一三［大正二］年三月三日［月］

一昨晩だった。私はある所用を帯びて当蔵大通りを通り家へ帰るとき、夜はもう大抵一時か二時近くなり、付近の店舗は皆閉まって往来も少なくなった頃、宇宿商店の角まで来て折れようとする時に突然バッタリと落ち転んだので大いにびっくりし、何か溝にでも落ちたのかと付近を探してみたら大きな壺になっている。

幸いに当夜は別段怪我したことはないが、何分星明かりもない闇の夜のこととて、ついに這い上がって家に帰ったが、翌日見たらそこは新しく溝の流れをよくするために造られたので、蓋《ふた》をおおうてあるが、その蓋が破れたために今では落とし穴になっている。

そのためにそこへ落つる人々が頻々《ひんぴん》たりと言うことを聴いたから、当局者は適当の方法を講じてもらいたいものだ。もし万一、婦人でもあったら大変なことになるのですよ。いささか注意しておきます。

不親切な電話交換手

名前◉番頭小僧　一九一三［大正二］年三月一〇日［月］

電話交換局へお願いいたします。去る二日、さる所へ電話をかけようといくら呼んでも交換手の方で返答がないので大いに困りました。その時は器械の故障とも思えませぬのでしたから、係様、今後厳重のご監督を頼みます。

◉那覇局電話交換室［那覇市歴史博物館蔵］

名前◉電話の主　一九一三［大正二］年一二月一七日［水］

電話交換手の姉さんたちが時々横着の真似をして一般公衆に少なからぬ迷惑をかけおるとはよく聞くことながら、昨日午後六時十五分前、私が電話交換局を呼ばんと鈴をしきりに鳴らせしかども数分待てども出ず、二度も三度も鳴らしてようやく出でしかば、その遅きを咎《とが》めしに姉さんのいわく、「多忙だから仕方がない」との返答なりき。

交換手が多忙のために呼び鈴を何回鳴らしても取り次いでくれないは全く文明の器具たる電話の用をなさず、はなはだ迷惑なるにつき、さらに六十番に電話して原某という人にこの旨を告げ以後の注意をなしたり。「交換手の姉さんははなはだ横着にて多忙だから仕方がない、局長に告げてもチットもかまわない」と電話で抗弁をなしたり。横着な振る舞いもはなはだしからずや。

ふられた腹いせに……

名前●ふられ男　一九一三［大正二］年三月一〇日［月］

僕は女郎を買うごとにいつもふられて帰るのが常です。僕の持ってるお銭《あし》もてやっぱり明治にできたものですが、一体どういうわけでしょう。

この現象は一方より彼（女）ら女郎衆の裕福を意味しているのです。ところが彼（女）らは口癖のように、税が重い税が重いと言います。ナント矛盾した言いぶりじゃござりませぬか。区役所に願って、モ少し税を増やさねばなりませぬ。私と同意見の人はおりませぬか。

→返信

名前●［読者倶楽部］係り　一九一三［大正二］年三月一〇日［月］

賛成賛成。

→返信

名前●失敗男　一九一三［大正二］年三月一七日［月］

去る十日の貴紙読者倶楽部に、ふられ男君の女郎税増税のご意見は僕も大いに賛成であります。女郎とはいえ、そのふるまいは恐れ入ったことでありますから、同君のご意見通り、増税を請願して懲らしめてみようではござりませぬか。

あえて増税案を提出する僕は、決して女郎にふられたためでもありませぬ。大きな声では言えませぬが二、三度失敗したことがありましてね。どうか今の税を数倍にも増やして苛《いじ》めてやらねばなりませぬ。

→返信

名前◉「読者倶楽部」係り　一九一三［大正二年三月一七日［月］

失敗男が大きな声で言えない失敗談を聞きたい。

（そしてその三日後……）

辻の滞納処分

那覇区にてこの程より辻の娼妓・芸妓・酌婦連の滞納処分を執行しつつあるが、すでに箪笥《タンス》・戸棚・ハイカラ茶棚等引き上げられたるもの山のごとく、殺風景の区役所のお道具と対照して一段の奇観を呈せり。

区役所の門前、女郎市をなす

滞納処分執行せられて箪笥まで差し押さえられたと言う噂、辻全体に伝わるや各娼妓・芸妓はいずれも慌てふためいて、にわかに忠実な納税者と早がわりして、朝から退出時間の四時頃まで引きも切らずに区役所に詰めかけ、押すな押すなの勢いで徴税課前に立ちふさがり、ために収税員は煙草を吸う間もないほどの繁忙をきわめ、区役所門内、さながら女郎市をなすと言う奇観。

さらに辻方面の様子を探ってみると、娼妓らいずれも足を浮かして方々に金の工面をなすと言う騒ぎに突っ込んで、高利で貸し出す抜け目なき金貸しも続出する有様。訪れる客は二度年切金を請求されてたまるものかと真面目に怒り出して、はては金の切れ目が縁の切れ目になるという喜劇も方々に演じられつつある有様なり。

（『琉球新報』一九一三［大正二］年三月二〇日）

＊――投書のやり取りの直後に区が滞納処分に動いているので、投書がきっかけになった可能性が高い。

ズボラな電灯屋さん

名前●憤慨生　一九一三［大正二］年三月二九日［土］

電灯屋の技師さん、夜遊びにふけずにきっと職務に勉励あれ。あまりヅボラになると従来のことまでスッパ抜いてやるぞ。そればかりではない、われわれは電灯値下げ運動をやるぞ。今後ご注意。

名前●泉崎生　一九一三［大正二］年一〇月四日［土］

近頃、ことに二、三日以来電気が非常に暗くなっている。現在のところ十燭光の電灯はほとんど三分心ランプのほどの光がない。それというのは電気会社の独占事業だからといってずいぶん気ままな振る舞いをなすであろうが、その儲けの百分の一を那覇区民に寄付したらよかろう。

名前●お藤　一九一四［大正三］年一〇月四日［日］

電気会社の方へ御願います。一日の夜、ちょうど八時をうっての後、私は一心不乱に書物を読んでいましたら、急にバッタリと今まで使っていた電灯が消えましたので、女子身の一人の書斎ではソレゾレ怖くってなりません。またこんなことが間々ありますから、われわれ需用者の迷惑は一通りでありません。今後このようなことがなきようご注意してもらいたい。

煙突が低い

名前◉前島生　一九一三［大正二］年四月一四日［月］

近頃、泊前島・塩炊き屋は全部石灰を使用することになっておりますが、煙突が低くして高いのがちょうど七、八尺（約二メートル）くらい突き立って隣家の者よりいかに相談しても一向聞き入れないために、飲料水や衣服敷物等は不潔になりやすく、それに当村は全部カヤブキ屋多いところで、我々カヤ家に住居する者は不安心でございますから、何とぞその筋において厳しく説諭を加えられたくお願い申しませ。

泉崎橋前の某酒屋の煙突があまり低いため、煤《すす》が四方に散ってはなはだ困ります。ことに干し物がある時は真っ黒くなります。ご主人、どうぞ煙突を高くせんことを願います。他の酒屋より一層ひどいと思います。

名前◉近所の人　一九一四［大正三］年九月一一日［金］

川に動物の死体を捨てるな

名前◉区民の一人　一九一三［大正二］年四月二〇日［日］

当局者にお願い申します。近頃、久茂地川に病死せる猫・豚などの畜類を投捨する者がおりますから、その筋にて厳しくお取締りあらんことを願い上げます。

図書館の下駄泥棒

名前●憤慨生　一九一三[大正二]年四月三〇日[水]

私はしばしば図書館に行くが、行くたびごとに下駄を盗まれて閉口している。かような小泥棒がついには梁上《りょうじょう》の君子[*]という肩書きをもらうようになるだろう。以後改悛《かいしゅん》せよ。

＊梁上の君子――盗賊、泥棒のこと。

廃物利用のお菓子

名前●一教員　一九一三[大正二]年六月三日[火]

廃物利用として菓子の製造法を伝授すると称し、伝授料十五銭徴収しおれるどこの馬骨か知らない男が数日前、私の学校にやって来ました。

学校ではそれは結構なことである、と女教師が講習することになった。さてどんなものだろうと思うて傍聴していると、ナーニ、実に馬鹿馬鹿しくゴボウに砂糖を付けて煮たりなんかして、とても講習すべき価値のあるべきものではない。

あまりといえば他を馬鹿にしたもので、それで伝授料十五銭をとるというのは少し欺《ぎ》瞞《まん》[*]したもので、かえって高女校でもやったことがあるそうで現に学校めぐりをなしているのであるから、よくよく注意したまえ。

いったい本県人は他県人を買いかぶる癖があるから、買いかぶらないようにしたまわんことを願う。

＊欺瞞――あざむくこと。だますこと。

暴れる酒飲み

名前●近所の人　一九一三［大正二］年七月一三日［日］

貨物税徴収所員に三十四、五才ぐらいの男がいるが、この男は非常の飲酒家にして、昼夜の別なく暇《いとま》さえあれば酒のみがぶがぶ飲み、そのあげくは乱暴を働き近所の人に迷惑をかけるのを何とも思わず、これがため近所の評判も悪く今より一週間ぐらい前のこと、同所にいつものごとく飲酒し何の罪もなき小使《こづかい》を打ちたたいたりしていたが、今後改心せぬと本名を出すから右様、注意しろ。

名前●白山生　一九一三［大正二］年八月一四日［木］

暑いので夕涼みに一杯機嫌を引っかけ、そのため乱暴を働くものが多いようだが、気候のせいに上気となって時に妙な噂も立つようで、現に某所では乱暴漢が徘徊するとの噂もある。今頃大いに謹慎せねばならぬ。

警察官の暴行

名前●白泉　一九一三［大正二］年八月二二日［金］

二十日の午後十一時、石門通り平尾西支店の前で鼻下に印のある鹿児島生まれの新参査公（巡査）、石門方面より駆け来た罪もない車夫を捕らえ、蹴ったり打ったりするのを付近の店員が見かね署長に直訴させるようでしたが、サテこの査公の心がサッパリわからない。

あるいはお酒のためではなかったかと言い、あるいは精神が狂っていたのではないかとも言い、噂とりどりであった。

名前◉通行生　一九一四［大正三］年三月二五日［水］

この間の晩、西武門の新しい交番所に当番をしていた査公が酒に酔うて、車夫を無理に叱っていた。巡査のクセにけしからぬ振る舞いである。

近所の鳥を食う犬

名前◉若八　一九一三［大正二］年九月七日［日］

内兼久山《うちがねく》の五十七歳くらいになるターリー［*］君の飼い犬は、近所の鳥を盗んで食うという話。撲殺してください。

*ターリー――沖縄方言で「お父さん」のこと。

ニタニタ顔の警察官

名前◉見られた男　一九一三［大正二］年九月七日［日］

某交番所の若い巡査君は執務中、通行人の顔を見てニタニタ笑っている。そして女の通行人であればニタニタにもちょっと趣きを添えて愛嬌があるが、もし男の通行人とみたら恐ろしい目を光らしてやはりニタニタしてい

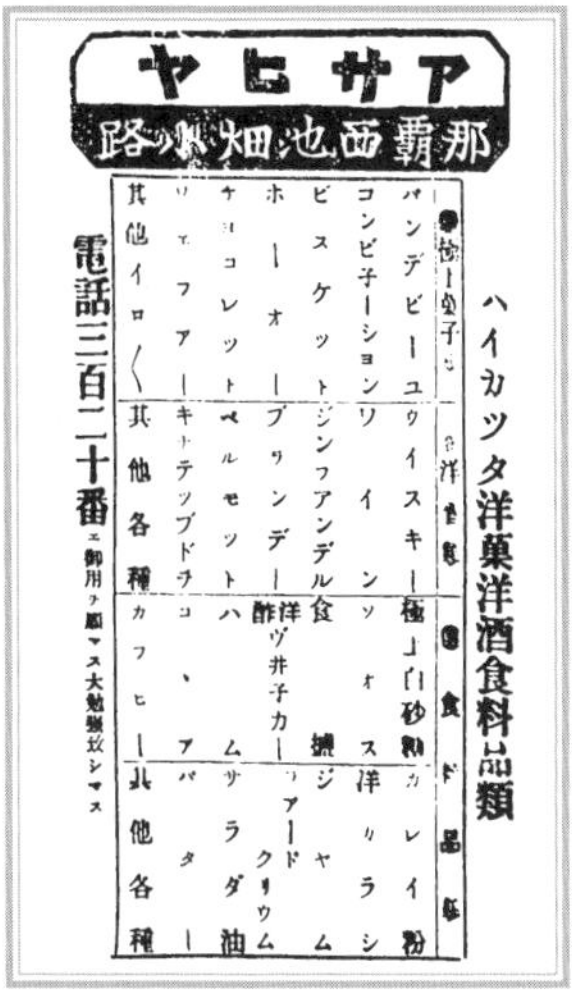

［沖縄県立図書館蔵］

る。

アノ巡査はたしか独身者だろうよ。しかし人の顔を見て笑うのは失敬である。頭の中で相撲をとっているじゃあるまいし。

毎晩うなるユタ

名前●困った人　一九一三［大正二］年一〇月五日［日］

僕の隣に巫女《ユタ》［*］がいる。毎晩うなっておるので大困り。かくのごときは隣所で取締りをやってほしい。それに警察力で撲滅したいものだ。

*巫女——ユタ。沖縄の霊能力者、霊媒師。迷信を広める者として、戦前は弾圧の対象にもなった。

蛇皮
永々品切之處此度上
等澤山着荷仕り候間
多少共御購求被下度
奉願上候
七月四日
那覇區西本町
共同本店

［沖縄県立図書館蔵］

名前●慨歎生　一九一三［大正二］年一〇月一〇日［金］

巫女がこの頃だいぶ繁昌してきた。それは当地の習慣として死んだ人の四十九日目には魂除けのためにわざわざユタを雇う妙な風習があるから一概に撲滅することはできないものだ。

島尻郡の巫女

那覇警察署の調査によれば区内及び島尻郡におけ

る巫女《ユタ》の現在数は五十四人ありと。

(『琉球新報』一九一六[大正五]年三月二日)

渋滞する道路

名前◉新来島者　一九一四[大正三]年一月二〇日[金]

与那原街道・客馬車停留場は馬と客車とが算を乱して交互錯雑し、ここを通過せんとするとき、はなはだしきにいたっては通行を遮断し、我ら客を乗せたる人力車は数十分間も立ち往生のやむなき場合あり。

日暮れて後、しかも暗夜に荷馬車・客馬車・車(人力車)とも無点火にて呑気にゴロゴロ馳走しおるを発見す。危険至極なり。その筋のご注意を願う。

客を叩く店主

名前◉隣の人　一九一四[大正三]年三月二三日[月]

小生、時々仲毛通りを散歩して東魚町に出ると、右角の乾物商主は毎晩二、三銭の売買のことで口論をして女子供を叩いているのを見るが、はなはだ危険である。商売人としてかように人を叩くなどは不都合千万な話じゃ。

脱線する電車

名前◉乗客の一人　一九一四[大正三]年五月一九日[火]

昨夜午後十時、久米停留場より首里へ進行中の電車が泊兼久《かねく》の前に差しかかるや電車はごうごうと音を立て脱線せんとした。乗客は顔を見合わせ安き心もなかりしところに、またも同じ音な立てついに脱線した。後で聞けば、いかなる悪漢の仕業か線路に約二貫目（約七・五キロ）もある石を二つ、十間（約二〇メートル）ごしに置いてあったということだ。警察側でも軌道会社でもよくご注意を願います。

→返信

名前●江戸ッ児　一九一四［大正三］年五月二〇日［水］

昨日の読者倶楽部に電車脱線の記事が出してあった。我輩はこれを読んで一驚も二驚も三驚もせざるをえなかったのである。事実の真相はもちろんわからないが、仮にかの記事に間違いないとすれば決して軽々に看過しうべき問題ではなかろうと信ずる。

社会の交通機関に悪戯をするような馬鹿ものは到底度《ど》す［＊］べからずだが、約二貫目もあるような大石が線路に、しかも一つならず

［沖縄県立図書館蔵］

二つならず置いてあるのに関わらず、気の付かないのか、見えないのか、知らないのか、いずれにしても平気で走らせ脱線させるような運転手や車掌の間抜けさ加減は全く話にならぬ。

全体、眼は節穴ではあるまい。車前の電灯はマサカ飾りでもなかろう。煌々《こうこう》たる電灯を輝かしながらわずか十間内外の先も見えないような運転手や車掌が乗り組んでいては険《けん》

呑《のん》［＊］てたまらぬ。社会も教育家も警察も協力一致してこんなヘマな事の起こらぬようにしてもらいたい。些事のようだが、まかり間違えは人命に関する問題だ。シッカリ頼むよ。

＊度す――納得する。
＊険呑――危ないさま。

手荒い車掌

名前●女同志　一九一四［大正三］年六月五日［金］

過日、電車の中で二十四、五才ぐらいの女が子供を抱いて乗っていましたが、西武門で下車の時、切符を風呂敷包みの中にしまってそのまま降りたので、車掌がアタフタ追いすがりやっと引き留めて風呂敷を開き、ひったくるように切符を取り戻しておった。まま婦人にはそんな間違いがあるようですが、車掌も少し手荒いと思いました。

混雑時にはご注意

名前●一乗客　一九一四［大正三］年六月一六日［火］

電車の景気は非常なもので、ことに夜の電車は車内爪も立てられぬほどであるから乗り換えはすこぶる危険をきわめている。那覇市中は左まで（それまで）ではないが、観音堂下の乗り換えは昨夜すなわち十一日の晩のようなときにはすこぶる危険である。

ある子供が車内で病気して一時さわいだのであるが、車掌君の親切で窓の方の人をのいてもらい、そこに病気した子供を座らしたのである。とにかく観音堂の乗り換えは困難であるから切に乗客諸君のご注意を望むわけである。

【コラム】――沖縄の鉄道

少し前まで、鉄道のなかった沖縄だが、戦前は「ケービン」と呼ばれた軽便鉄道と路面電車が存在した。路面電車は沖縄電気軌道株式会社により一九一四(大正三)年五月に首里―那覇間で開通した。続けて同年の一二月には県営鉄道が開通、当初は那覇―与那原間の運行(所要時間約三〇分)だったが、後の一九二二(大正一一)年には那覇と中部をつなぐ嘉手納線が、翌一九二三年には那覇と南部をつなぐ糸満線も開通した。路面電車は昭和に入ると乗合自動車との競合に敗れ、一九三三(昭和八)年に廃止された。軽便鉄道は一九四五(昭和二〇)年の沖縄戦で破壊され、以後は復活することはなかった。

夫の肩書を楯にして

名前●覆面生　一九一四[大正三]年八月六日[木]

国頭山原《やんばる》の某高等小学校某校長殿の細君に一言す。鳥なき里のこうもり然たる君は、夫の職責が何たることさえ解しえざる十九世紀老婆のくせにおのれ平素、夫の校長サンたる肩書きを楯にしてやたらに権威を鼻にかけていばるな。

[沖縄県立図書館蔵]

うるさい女患者

名前●眼病生　一九一四［大正三］年八月一八日［火］

県病院に来る耳鼻科の女の患者どもは、たびたび一所に集いて大声で話をしたりまた大声を出して笑っているが、いったいあんな所で大声で笑うということは非常に悪いことである。また患者の治療上にも関係するかもしれんから、以後かかる行為はしたくないものだ。反省をうながしておく。

経験豊富で威張るヤツ

名前●馬鹿にされた人　一九一四［大正三］年八月二九日［土］

第○豊見城尋常高等小学校使丁《しちょう》［＊］の○○○○はいろいろな仕事をして世の中を渡っているものでありますから、人は何とも思っていない。それでテイチャー（ティーチャー。先生）方も何とも思っていないようだ。だから学校のプリンスパル（校長）やテイチャー方はよくよく注意して使わないと困りますよ。

＊使丁——用務員。

官庁式の病院

名前●一病人　一九一四［大正三］年九月一八日［金］

私は昨日、上之倉の某医院へ診察を受けに行った。ところが少し時刻が早かったので、薬局の人が一人座っていた。来意を述べたら「お気の毒様ですが、診察午前八時からです」と言う。時間まではまだ一時間ばかりあるが、しかたがない。待つことにしたが、八時半となっても診察はしてくれぬ。
とうとう九時少し前になって呼びに来て、ようやく診察を受くることになったが、これが万一、危急な病気でもあってこんなに悠然と構えてもらっては、とても助かる見込みはない。お医者自身には時間を定め、整然と診察・投薬をしたら便利至極だろうが、病人にはあまりありがたみは感ぜぬ。官庁式にはモウこりごりです。

野犬が多くて

名前●中島の人　一九一四[大正三]年九月二〇日[日]

中島長門《ながじょう》付近は野犬が多くて非常に困っています。丹署長様、早く撲殺してください。

（そしてその後……）

無鑑犬の撲殺

那覇署にては本日午前七時より正午まで、なお七日間を期し、(那覇)区内の無鑑札犬撲殺を続行するよし。昨日までの調べによれば区内にて鑑札を有する犬は約三百匹にて、その他、無届けのものが五、六百以上あらんと言う。

（『琉球新報』一九一四[大正三]年一〇月一日）

名前●通行生　一九一四[大正三]年一一月四日[水]

山之内製帽所へ
貴所《あなた》の狂犬は取り締まってもらいたい。恐ろしくて怖くてなりません。

名前◉前島町青年団の一人　一九一五［大正四］年四月二〇日［火］

高利貸・森杉太郎の犬は主人以上の狂犬である。主家付近の電信柱や荷車等《とう》に手を触れると、すぐ咬みついて子供等に傷をおわすることはたびたびある。過日、僕も所用のため付近を通行したらその犬に足を咬まれた。警察側でかの狂犬の処置をつけてもらいたい。

うるさい電車の鐘

名前◉見聞生　一九一四［大正三］年九月二一日［月］

沖縄電気軌道会社の庶務課長さんへ。貴会社の運転士・車掌は夜になる毎夜相変わらず電車の鈴を両方打ち鳴らし、ひどいことには必ず馬の通る時などには乱打して馬を驚かし、闇夜などには馬が飛び回って通行人に害を加うることがないとも限りませぬから、運転士・車掌どもには強く注意してください。

淫乱婆の徘徊

名前◉実見生　一九一四［大正三］年一〇月二五日［日］

崇元寺町一丁目、寡女《やもめ》の五十くらいの淫乱婆は朝から晩まで他人の家を徘徊して、他家の無垢の少女《おとめ》らに対し、やましく悪しざまに言いなすとは今に天罰が当たるよ。それよりはお前の娘を取り締まるがよい。某会社で五人組の頭ではないか。

［沖縄県立図書館蔵］

小便はトイレでやれ

名前●菊郎　一九一四［大正三］年一〇月三〇日［金］

那覇市中は共同便所の設備があるにかかわらず、道路や板塀もしくは門の傍《そば》へ主に田吾作連や田舎婦人が出放題に放尿する悪弊がある。幸い本県は雪がないからしあわせだが、もし雪があったら那覇市中は放尿のため黄色な穴がいたる所にできるであろう。また板塀あたり放尿するのを見ると、いつも文政時代の左の狂歌を思い出して吹き出すことが往々ある。

「小便は無用の塀に柳たれ」

願わくは共同便所の数を増し、そして道路取締規則でかかる放尿者をドシドシ処罰したら暫時《ざんじ》とその悪癖が消えるであろう。

自転車は場所を考えて

名前●目撃生　一九一四［大正三］年一一月四日［水］

始終馬車の往来繁く常に人足《ひとあし》の多い石門通りで自転車の練習をなすものあり。往来人のため少なからぬ迷惑をかけますから、石門交番所にお詰めなさるお巡査《まわり》さんはよろしく取り締まりてもらいたい。

名前●通行生　一九一五［大正四］年一月一三日［水］

大門前、無灯の自転車がそろそろ多くなったようだ。取締の大将黒木さん、考えてはどうだ。

［沖縄県立図書館蔵］

勝手な決まり

名前●比謝橋通の一人　一九一四［大正三］年一月一八日［水］

中頭郡読谷山《よみたんざん》村、字大湾《おおわん》比謝橋《ひじゃばし》通り辺では寄留人が勝手に付近の料理屋に対し、もし付近に人が死する時に必ず三日間の休業をなすべし、応ぜざる時はただちに交際断絶するという。恐れながら天子様（明治天皇）の崩御の時も人民は二、三日間休業しないのに、一個人が死ねば人を束縛するとは無礼千万だ。

なぜ顔を隠すのか

名前●ふぢの花　一九一四［大正三］年一月二三日［月］

久茂地洋服屋の女学生さんよ。君は僕と会う時はただちに傘で顔をかくすが、何の理あってそうするのか。知りもせずに恥ずかしそうに顔をかくすとは、それを外から見ると何と思われるか。君、以後注意したまい。

真夜中の尺八がうるさい

名前●注造（「告」か？）生　一九一五［大正四］年二月一七日［水］

近頃お隣の門前で毎夜一時頃から三時頃までにわたり、いかにも意味ありそうに尺八を吹いている男がある。不思議なので出てみると末頼もしいきっぱりとしたハイカラの青年であるが、私の考えでは今からは尺八を吹くのをよしたほうがよいだろうと思う。お隣の年頃にならるるお嬢さんは近頃尺八の胸が染み込み、ハテはそれが病の種子《たね》となり、今では病魔に襲われ、哀れ我が身を床の上に横たわれ非常に苦にされている。

名前●注告生　一九一五［大正四］年三月一七日［水］

景楽君へ。君は一度でもなく二度までも本欄で忠告するが、一向平気であるが、お隣のお千代さんは君の尺八の音がもとで病魔に襲われ今日とも明日とも知れないくらいだ。君、僕が再三の願いだからどうか場所を見て吹いてくれ。

毎日来ないで

名前●南柳生　一九一五［大正四］年三月一二日［金］

西武門の松君は勉強もせず毎日友人の内を歩きまわっておるが、少しは活動という精神がなければ駄目だよ。また友人でも毎日行かれては迷惑だ。

納得いかない銭湯

名前●馬鹿見た生　一九一五［大正四］年四月八日［木］

浴銭は二銭五厘で、背を流されるのが五厘、都合三銭だが、石門の湯屋は二銭五厘の客も三銭の客も同じように背をすってくれる。その上非常にザッとしてくれたが、あれでは三銭出した者は大いに困るじゃァないか。注意したまえ。

人犬同権か

男女同権という言葉はこの頃日本でもだいぶ聞く言葉であるが、人と犬と同権ということはいまだかつて聞いたことがない。

　ところが本県の湯屋では立派に犬格を認めて人間なみに入浴料金三銭なり。人間は二銭五リ(厘)。いくら人間が汚くて犬がきれいか知らないが、いやしくも畜生である、獣物《けだもの》である。

　まさか人間と一緒に湯殿(に)入ってくるんでもあるまいと思っていたら、イヤ驚いたの何の。大して美しくもない犬を連れてきて洗場《ながしば》で大掃除を始める。由来畜生は良し悪しの判断《みさかい》なきもの。いつ臭いのを失敬するかわからぬ。

　洗われた後ではあたりかまわず身震いをやると、近処の者は頭から石鹸《シャボン》水を浴びる。この分でいったら湯船の中へもご入湯あそばしてポチャポチャやり出すかもしれない。

　グズグズしては大変と大急ぎで飛び出してきたが、この調子では遠からずブタ一匹金五銭なり、馬一匹金十銭なりと、人のための湯屋か獣物のための湯屋かわからぬようになることだろう。あなかしこ、あなかしこ。


（『琉球新報』一九一五［大正四］年四月三日）

銭湯で小便する裸体紳士

名前●二才小　一九一五［大正四］年四月二一日［水］

湯屋で立小便をする裸体《はだか》紳士様、少し公徳心を重んじられてはどうです。

［沖縄県立図書館蔵］

●那覇の商店、円山号［那覇市歴史博物館蔵］

6

お出かけ・旅行・異郷の地にて

近代に入り、沖縄の交通事情は劇的に変化し、人々の移動範囲も飛躍的に拡大した。琉球王国時代、海上交通が移動・物流のメインであり、陸上交通網は発達していなかった。「宿道」という街道はあったが、起伏が激しく道幅も狭く、馬車が通れない道もあった。

沖縄県が設置されると首里—那覇間、那覇—与那原間の道路改修工事を皮きりに、馬車の通れる陸上交通路が整備されていった。とくに一九一五（大正四）年には現在の国道五八号線の前身となった国頭街道が開通、沖縄本島を縦断する基幹道路が誕生した。並行して鉄道網も整備され、一九一四（大正三）年に那覇—首里間の路面電車、同年に那覇—与那原間の軽便鉄道が開通した（さらに一九二二［大正一一］年に嘉手納線、翌二三年に糸満線が開通）。鉄道は那覇・与那原・嘉手納・糸満といった海上交通の拠点を陸路でつないだ。投書でも開通後、さっそく鉄道の旅を楽しむ様子がみてとれる。

投書では「春花生」が急病の親を見舞うため那覇港から船で名護に向かっているが、大正初年頃にはまだ那覇—名護間を航行する汽船（運輸丸など）が往来していた。だが一九一七（大正六）年に第三運輸丸が暴風雨により名護湾で沈没する事故を起こすと、海上路の安全面が懸念され、すでに整備されていた国頭街道からの移動がメインとなっていった。この事件は沖縄の交通のメインが海上から陸上へとシフトする象徴的な事件だったといえよう。

また「久沢生」の投書に登場する「人車軌道」とは当時、与那原から中城村津覇まで伸びていた軌道路で、人が客車を押して進む方式であったが、一九一六（大正五）年には泡瀬間まで延長され、馬車による車両牽引も行われた。

日本本土への移動もこの時期には可能となった。一九一四年の時点で那覇―奄美大島―鹿児島―神戸―大阪航路（平壌丸、金沢丸、京城丸など）や那覇―門司―大阪航路（広運丸）、那覇―先島―台湾基隆航路（二見丸、八重山丸）などの定期便が就航しており、就学や出稼ぎのため沖縄から海を越え日本本土や植民地、海外へと渡った。沖縄―本土間航路は一九一六年には旧王家の尚家が創立した沖縄広運株式会社が大阪商船株式会社に買収され、一九二五（大正一四）年には大阪商船が沖縄航路を独占することになった。

風流人のグルメ探訪

名前◉風流生　一九一二[大正一]年九月一一日[水]

節は白露《はくろ》[＊]になっても暑さはまだ去らぬのである。ことにこの二、三日の暑さと来ては実に閉口だ。しかし「寒さ暑さも彼岸まで」ということわざがあるから、どうしてもそれまでは辛抱せねばなるまいが、夜分になると幾分か冷気を帯びてくる。

さりながら十二時から後でないと寝られないので、それまで黙って宅《うち》にいるわけもまいらぬので、一昨夜は友人を打ち連れ市中散歩に出かけたが、一味亭の元山内病院の跡に引っ越したと言うことを思い出して、同所へと歩を進めいってみると、前の所とはとても比べものにならぬのである。間数も多い。しかも南向きになっているから夏冬とも持ってこいである。そうして料理が簡便で、ウナギの料理になると食べるよりも池からウナギを捕らえるのを見て面白いのである。

酒は清酒もあれば泡盛もある。そのほか望み次第では洋酒もあるが、亭主は江戸っ子風の気性があって話をしても面白い。土地の情況に鑑《かんが》みて近々西洋料理もやるそうだが、すべて商法は廉価《れんか》でたくさん売るのが最上の策略であるとの鑑定から、まず五十銭以内で美味い料理を四品ぐらいのところで勉強すると言っている。

そうして価格は見やすい所に貼り付けてあるから、勘定を心配せないで飲めもするから心持ちがよろしいので、不潔の遊廓などに行くよりずっと優っている。

＊白露――二十四節気の一つ。九月八日頃。

父、急病で帰郷す

名前●春花生　一九一三［大正二］年一月一五日［水］

我が親愛なる呑龍君よ、僕は突然、父の病気なりとの急報に接し、とるものも受け敢えず恋しき故郷に帰らんと運輸丸に乗り込んだ。

僕らの船があたかも浮桟橋をはなれて商船組の方向まで来た時、君は桟橋に立ちて互いにハンカチフを振る時の感は、実に僕は外国へも行く感じがして思わず知らず落涙したよ。女々しいと笑ってくださるな。

那覇港を後にして、やがて住み慣れし市街も西へ西へと遠ざかり、寄せては返す大涙と

●那覇港桟橋［那覇市歴史博物館蔵］

戦いつつ、ザンパ岬も過ぎ去りはるかに国頭の連山雲間にそびえ伊江・瀬底の島々は僕らを招くがごとく、その絶景と言いたら呑龍君に見せたら必ず一首は詠みよっただろうと思った。

時計は廻って四時を報ずる頃、名護市についた。少し休んで後、ただある田圃《たんぼ》道を北へ北へと通り、険しき山道の坂を上り下って、ようやく故郷の土地をふんだ時、あたかも山原宮童《みやらび》が野良仕事の帰りがけ、鳴く山羊の声に合して節面白く帰る時でした。

早速父の病床を訪れしに案外父の病気は軽いので、翌日またまた那覇へと引き返した。余は面会のうえ、呑龍君の気焔《きえん》[*]も聞きたい。

さよならば。

*気焔——燃え上がるように盛んな意気。議論などの場で見せる威勢のよさ。

恋しき故郷へ

名前◉在大阪平良生　一九一四[大正三]年七月一三日[月]

恋しき故郷へ

私は今ここに立っているのである。足を爪立てながら故郷の空を眺めると、今に進んで来た潮路が次第次第に細くなりて、行方は西か東か果ては白波のわからなくなっているのは、懐かしい故郷、自分の家も隣の芳子様の家もことごとく目に見えるよう。親に別れ友に放れ、馴染み深い山川さてはすべての風物をも見捨て今この地に立っている。

身、さすがに心細きにたえぬ。しかしこの大阪……いかにこの二字の私の心を奪い起こさしめしかよ、そこには朝夕牛乳を配り新聞を配達し車を曳いてさえ苦学する人あるものを、堅い決心、強い覚悟を持して出て来た私、誰一人頼らん綱とて無けれ……。

石を噛んでも学を修め、業《わざ》成りて再び故郷を見る日こそ錦を飾る……と思うとついに胸が躍るやら。さらば懐かしい山よ河よ、平和なる私の村よ、とそれを顧みながら勇ましい、しかも希望に満ちた一歩を高く揚げた。

夕暮れ時の勝連城

名前●水月　一九一四［大正三］年八月二八日［金］

夕陽《せきよう》、今や没せんとす。ここは勝連村の昔アマンジャナー（阿麻和利《あまわり》）［*］の城跡なり。我ら四人の壮士らは洋々たる勝連湾を後に、今岩涯を見わたしてあり。昔の当時を語るはこの二、三の岩よりなし。すでにして四囲、闇の幕に包まるるにぞ我らは宿を指して急ぎぬ。宵風そぞろに甘蔗の枯れ葉を鳴らす。虫の声をちこちに、ああ静かなる鄙《ひな》の夕暮れよ！

*阿麻和利――一五世紀頃の武将で勝連城の城主。農民から身を興し、首里の王に戦いを挑むも敗れた。

満月にさそわれて

名前●花笑生　一九一四［大正三］年九月二七日［日］

真っ白くさえた十六夜《いざよい》の満月にさそわれて明治橋を踏むと、風月の窓洩る光、金波にちらほら。哀れ悲しきは逝きし学友とこの橋上で青葉茂れるを思い出せば涙こぼれて押さえがたく、さと吹く夜風には、いと悲愁を帯びて我が襟にひろむ。淋しき感に打たれつつ、三味線の音を聞くも哀れ深し。

桟橋で魚釣り

名前●古木生　一九一四［大正三］年一〇月一日［木］

　桟橋へと家を出たのが午後九時。そこにはここかしこに四、五人ずつ熱心に釣り縄を手にして、「魚《うお》君、今にもオヂャレ」と待ちかまえていた。船客待ちあい所の前の電灯の下にも四、五人。前記同様なさまをしていた。そのうちの一人は白魚一斤半〈約九〇〇グラム〉くらいのもの、他の一人は立《たつ》の魚三、四尺〈約九〇～一二〇センチ〉くらいのもの上げてあった。

　釣り狂の僕にはいつまでこの様をながめていても、さらに帰る気にもなれぬ。僕も釣り道具を用意して釣りへ出かけたが、四、五度その後、事情あって今日《こんにち》まで中止していたが、今ここにこのありさまを見、またまた釣り狂の本性をあらわし、トウトウ昨夜より釣りを始めることとなった。

小学校の遠足

名前●首里尋常高等小学校伊波村生　一九一四［大正三］年一〇月二日［金］

　我々三十五名の首里小学校旅行生は二名の先生に引率され、九月二十九日午前九時、学校を出発いたし候《そうろう》。越えて普天間にて昼飯いたし、屋宜屋取《やぎやーどうい》にて雨に苦しめられ候。

　上地村にて再び雨におそわれ候いし時、今頃、連合軍のために苦しめられつつ退却する独軍もかくやあらんと、はるかに思いやられ候。

　過ぎて美里村にて道の左右にある民家のみかんに涎《よだれ》をたらしつつ、午後三時、予定の美里小学校到宿いたし候。みなみな元気にて夕飯の膳に向かいて、舌鼓《したつづみ》を打ち鳴らし候。

汽車に乗って

名前●九月廿九日山吹生　一九一四〔大正三〕年一〇月三一日〔土〕

　汽車発車の笛とともに軋《きし》り出す車輪の響きは、無心の我らも何だか物懐かしい父母と別るるような感がする。そしてまた立っている人々も我らに別れを告げるような心持ちで、我らの眼目には田舎の秋景色がやや調《ととの》いて、玻《は》璃《り》窓に映じてくる碁盤割のような甘蔗畑の裏葉には力弱い秋の夕日を静かに受けて、雀の時々その中より一度に飛び去るを見る。

　粒々《りゅうりゅう》辛苦の汗たらして一心不乱、鍬閃《くわひらめ》かす農夫の後ろ姿を送りつつ窓を押し上げて首出せば、生冷たい風が頬をかすめ去り、田んぼの井を撫《な》づるも物静かである。

駅から散歩

名前●久沢生　一九一五〔大正四〕年三月一日〔月〕

　月は皎々《こうこう》として昼をあざむくばかりに照りわたっている。余は一人淋しく家を出て停車場に行った。汽車は向こうより煙を立てて停車場をめがけて進んできた。汽車に乗る者、下る者、はなはだ雑踏している。海面を見ると少年時代に遊んだ唐三良《さんらー》〔＊〕は影も形もなく、見ゆるのはただ公園にある山城高興《やまぐすくこうこう》〔＊〕

●軽便機関車［那覇市歴史博物館蔵］

の別荘の門灯ばかり。渡地《わたんじ》に通ると山原船がたくさん浮かんでいる。船には三味線を面白そうに弾いているものあり。風月楼の芸者は庭先に出て紳士をしきりに手招いている。

それから余は足を進めて前ノ毛の新街道を通って中道に向けてゆく。途中ちょうど上ノ角に近づかんとするところで暴漢が青年に喧嘩を吹っかけていた。暴漢は風貌たくましく髯《ひげ》ぼうぼうと生えている者。青年は俺も男子だから決して卑怯未練の振舞は現さず、両方とも身構えている。余は今か今かと待ちかねる。最中、ある人が仲裁によって静まり両方とも別れた。

余はなお足を進めて久しぶりに波ノ上をめがけて行った。新鮮なる空気を吸いつつ屋良《やら》座《ざ》方面を見ると燈火《ともしび》があちらこちらに見える。

彼らは毎夜浜に下りて寒さにもかかわらず、みな一生懸命に働いているのだ。それを見て余はなお業務に勉励せなければならぬと思うた。

＊唐三良——渡嘉敷三良。一六世紀に中国より渡来し、那覇の国場で瓦を焼いた人物と伝わる。
＊山城高興——当時、県内屈指の資産家。父は琉球勤務の薩摩藩士。廃藩士族の金禄公債で財をなす。第百四十七銀行、沖縄貯蔵食品（株）を経て那覇商業銀行取締役、那覇区議会議員となる。

十六日と汽車

昨日は旧正月の十六日とて墓参のため地方へ赴く男女客引きも切らず、与那原行の各列車は朝来これらの行客のため満員のありさまにて、なかんずく西原・中城・大里辺に籍を有する貸座敷、娼妓連おびただしく、ために一層の盛況を呈したり。

（『琉球新報』一九一五［大正四］年三月二日）

中城まで遠足

名前●久沢生　一九一五［大正四］年二月一六日［火］

去る十一日は神武天皇のご即位、紀元節に相当しているので、我々同志者、相集まり協議一決して中城まで遠足した。同日午前八時十分の発車に乗って四方八方の話の交換して行くうちには、間もなく与那原停車場に着いた。

ただちに下車してまたまた人車軌道に運ばれ津覇村に向かった。目的地の中城城めがけて一生懸命に通って行く。みなは元気旺盛にして目的地を踏んだのはちょうど一時半頃であった。城の物見台に登って新鮮なる空気を吸いつつ見ると、下は甘蔗が青々と生えている。海面に見える知念崎と勝連半島とは海中に突き出し、津堅、久高の小島はあたかも軍艦のごとく並んでいる。海上に飛び回る千鳥は淋しく泣いている。その景色は筆にも書き尽くされないほどであった。

城内にある役場にて護佐丸《ごさまる》［＊］の遺物として保存せられたる剣、遺伝、書物、飯碗、煙草盆などを見ると同時に護佐丸の面影がしのばるる。それから護佐丸の御墓に参詣して墓の周囲に生えている福木に記念として「琉球新報」と削って帰った。

＊護佐丸——一五世紀頃の武将で中城城の城主。忠臣として知られるが、勝連城の阿麻和利の計略で滅ぼされた。

恩納岳を越えて

名前◉十日旅行隊十名の内淘汰子
一九一五［大正四］年四月一三日［火］

k君、我ら旅行隊一行は目的地たる金武《きん》にただ今無事に着いた。これから恩納《おんな》岳を横切り、山田から嘉手納までは歩き、それから馬車で帰る考えだ。たぶん那覇着は明後日十二日のはずだ。

［沖縄県立図書館蔵］

7

質問・お願い

投書欄「読者倶楽部」は質問・悩み相談コーナーの役割も果たしていた。記者や専門家ではなく、他の読者が回答することから、現代でいえば「Yahoo! 知恵袋」や「OKWave」、「発言小町」のようなものだろうか。質問には必ず回答が寄せられるわけではなかったが、他愛もない当時の生活の諸相が浮かび上がってくる。

紛失物捜索のお願い、美容・健康に関する質問、無職青年の仕事募集の投書、新聞投書家の親睦会（いわゆるオフ会）呼びかけもある。「兄嫁との仲を良くするには？」と家庭に関する質問、「成績が良くなるには？」との女学生の質問に対しては「先生に対しおべっかとワイロを使え」とのベストアンサーも。現代の学生にも大いに参考になるかも？しれない。

また、なかにはハワイ移民に関する質問もある。戦前沖縄は移民県としても知られ、その移民・出稼ぎ先はハワイが最も多かった。一九二〇年代になると、「ソテツ地獄」と呼ばれる深刻な経済不況が到来すると、沖縄の人々は活路を求めて世界各地に飛び出し、沖縄の家族へと送金して沖縄経済を外から支えた。沖縄と気候が似通ったサイパンをはじめとした南洋群島へも移民・出稼ぎは多く、一時は南洋群島における在留邦人の八割近くが沖縄県出身者であった。

不思議な現象の正体は

名前◉翠浪　一九一二［大正一］年八月二四日［土］

世の中にはさまざまな精神作用があるが、僕にはこれほど珍しい不可思議なものはない。

これはたびたび僕の経験することですが、つい先日のこと、僕は友人の宅《うち》に夜から遊びに行った。遅くもあったので、すすめるままに一緒に寝ることになった。やがて半醒半睡の境に来ると、真っ黒い部屋がだんだん薄明るくなってきて、ついには真昼とすこしもちがうところなく判然として見える。

まず天井には板の木目から、木の節、クモの巣、何から何まですっかり見える。これは不思議だと熟視すると次第次第に薄らぎ、ついには茫《ぼう》としてまたもとの黒暗々、それが二、三分も続く。

翌朝になって天井を見ると全く昨夜のまま、さればとて寝ない前に天井に気をつけたのでもない。それだからといって室内に灯かりをつけてあるのでもなし、とかく奇怪きわまる精神作用である。

どうかこの作用、ご経験のあらるる方、またはその作用の何たるかをご存じの方はちょっと倶楽部欄にお報せ願います。

ハワイに行くのですが

名前◉布哇行生　一九一三［大正二］年二月二四日［月］

私は二ヶ月以内に布哇《ハワイ》へ渡航する者ですが、十二指腸虫病の予防法をご承知の御方は何とぞ本欄までご報知を願います。

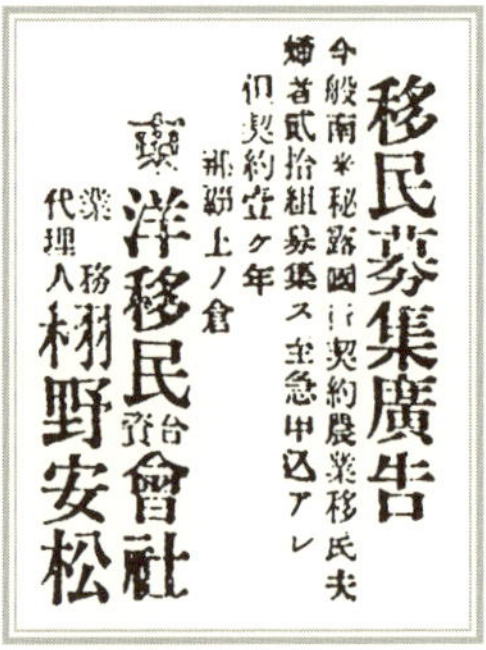
移民募集廣告
今般南米秘露國行契約農業移民夫婦者貳拾組募集ス至急申込アレ
但契約四ケ年
那覇上ノ倉
東洋移民合資會社
業務代理人 栩野安松

［沖縄県立図書館蔵］

脱毛薬はどこですか

名前●やへ子　一九一三［大正二］年三月一〇日［月］

区内で脱毛薬販売所はなきか。

虫歯を抜いてもいいですか

名前●樽菓生　一九一三［大正二］年四月三〇日［水］

小生儀、本年徴兵適齢にて候《そうろう》が、虫歯これあり。痛くて夜眠られず、大いに閉口いたしおれり。虫歯は奥の二個なるが、抜き取っても差し支えなきや。記者様、本欄までご教示くだされたく候。

→返信
名前●［読者倶楽部］係り　一九一三［大正二］年四月三〇日［水］

抜き取らずに歯医者に行ってゴムでも詰めたらいいでしょう。

誰が書いたのでしょうか

名前●首里大中二四一番地某書記　一九一三［大正二］年五月一一日［水］

僕の隣房にごく風流な一隠居老爺《おやじ》がありまして、骨董軸物の蒐集《しゅうしゅう》といったらそれは実に県下に冠たるを失わないのです。

夕方、僕が仕事を終えて帰ると毎日のごと

く先生は僕を招いてお自慢話をするのです。

老爺先生は聞こえある本県漢学者で、習字ときたらまた先生の十八番という重宝な人。先生はつい一ヶ月前、見事な字を求めたとのことですが、不幸にして今はその書者がいかなる人か知らないとて、朝夕残念がっておられるのです。

筆者は松田秀雄とか号は雪窓山人と書いてあります。老爺はかく私に言われた。

「誰かこの筆者のいかなる人かを知らしてくれる人があったら、お礼までに一つ字を書いてやりたい」

ということです。県下の本紙読者諸彦《しょげん》、右の人ご存じの方あらばご住所・姓名記載のうえ、本欄までお知らせください。早速、老爺先生の揮《き》毫《ごう》[*]を送ってあげます。

［沖縄県立図書館蔵］

＊揮毫——毛筆で文字や絵をかくこと。特に、知名人が頼まれて書をかくこと。

オトの生まれはどこ

名前◉知念　一九一三[大正二]年六月一六日[月]

『発展』八号に出ている小湾のオトは、産地(出生地)は本人の希望で秘密にするうんぬんとあるが、お差支えなければ発展社諸君、本欄で産地をお知らせしてください。

実は今より十年前、行方不明になった僕の妻の妹に生き写しですから、もしいよいよ産地が心当たりのところと決まったら僕夫婦、小湾に出かけて面会する考えです。

転職したいのですが

名前◉希望生　一九一三［大正二］年六月二八日［土］

去る四十年小学校卒業以来、某医院に厄介になっていますが、考うるところがあって、裁縫見習いとして奉公いたしたいがご採用になる方はありませぬか。本欄でお知らせください。

愛用の尺八を無くしました

名前◉笛二生　一九一三［大正二］年八月二二日［金］

私は去る十八日の夜十時、友人と二人波上《なみのうえ》に涼みに行きましたが帰途、西武門でフト気がつきしは懐中《ふところ》にあった尺八です。長さは二尺一分（約六六センチ）、節は五つあり、ご拾得のお方はどうか本欄までお知らせください。私は尺八が大の道楽で、それを失ったため近頃は最愛の妻を失ったような気でございります。

帽子をまちがえた方はいませんか

名前◉共立銀行内　一九一四［大正三］年一月一七日［火］

一昨晩、風月楼［＊］における教員選奨祝賀会で帽子をまちがえられた方はありませんか。なかに名刺が入れてありますからお心付きの方はご通知を乞う。

［沖縄県立博物館・美術館蔵］

＊風月楼――戦前沖縄にあった高級料亭で、那覇港内の小島、御物グスク跡にあった。

オフ会を開きませんか

名前◉有志者の若人生　一九一四［大正三］年二月二六日［木］

県下の諸君、冬の時候もすぎて暖かい希望の春が来た。諸君ますますお元気のよし、賀したてまつる。ついては日々の紙上で諸君の作も拝見して誠に面白く感じた。なお多大な努力を芸術界に尽くしてもらいたい。それで沖縄の投書家がどこかで会合を催して互いに親睦をはかってみましょうか。希望者が多数あったらいいが、発起者を募ります。一絃の音もかすかな夜に一同快飲の杯を傾けましょう。

発送予定の雑誌を紛失しました

名前◉おきなは社　一九一四［大正三］年三月九日［月］

おきなは雑誌第一巻合本申し込み者のうち名護よりの分、紛失。発送に困っておりますから、申し込まれたるも現品いまだ到着せざる方は何とぞご迷惑ながらハガキにてご一報ください。

手帳が見つかりません

名前◉紛失生　一九一四［大正三］年五月二五日［月］

去る二十二日夜九時頃、散歩の途中、手帳を紛失して家に帰ってからそれと知り、さっそく通ってきた道を探せどもなく失望しております。手帳の中には他人に見せて済まないことが書いてありますから、もしお拾いなさった方があるなら、ご面倒ながらお知らせを願います。

職がないのです

名前◉無食生　一九一四[大正三]年六月六日[土]

私は職がないので困っておりますが、いずこか雇うてくれるところはないでしょうか。年は十八でかなり学問もあるのです。

海水浴か睡眠か

名前◉早起生　一九一四[大正三]年六月一九日[金]

読者諸君にちょっとお尋ね申します。私は毎日、夜は十二時に寝て朝は五時半に起床いたし、波の上差して海水浴にまいりますが、睡眠不足のゆえか昼頃は鬱々《うつうつ》とします。

ついては海水浴をやめ六時半まで寝て睡眠を満足するのと、また今までの通り海水浴を遂行するのとはどちらが衛生上、身のためによろしいでしょうか。お手数ながら何とぞ本欄までお知らせくださらばありがたくお礼申し上げます。

成績がよくなるには

名前◉一女生　一九一四[大正三]年七月一九日[日]

私は手芸のほうは上手ですが、学科のほうは少しヘタでありますが、学問ができる御方はそのよい方法を本欄までお教えください。お願い申します。

→返信

名前●下泉町林ヒデ子　一九一四[大正三]年七月二一日[火]

一女生にお答え申します。それは第一に先生のお気に入るようにせねばなりません。国語の先生のお前では「私文学が好きよ」、理科の先生のお前では「私、科目の中で理科が一番面白いわネ」いうようなぐあいにね。かくのごとく万事に如才なくふるまうのも必要です。

また女の先生には「先生の今日のお髪の格好は、ほんとによろしゅうございますよ」、また男の先生が熱い時にテニスをなさった後でお手洗いを用いっておいでの時には「まあ先生、非常にお汗ですこと、お暑いでしょう」と言うて冷たい水でも持ってきてあげて、お扇子でもあおいであげてご覧なさい。

それから贈り物、わるくいえば袖《そで》の下。これをしなければいけません。この効能は仁丹以上です。まあ、このぐらいやったらすぐに優等生になるのは保険付けです。

兄嫁と仲が悪いのはなぜ

名前●七斤と七斤生　一九一四[大正三]年七月一九日[日]

僕はなぜ兄嫁と仲が悪いでしょうかね。いや僕ばかりではありません。世間にも多いですが、いかにすれば仲がよくなりましょうか。

→返信

名前●若狭町の新□　一九一四[大正三]年七月二二日[水]

七斤と七斤生に答う。あなたは兄の嫁さんと仲の悪いところをなおしたいとのことですか。まず第一、悪いところを正しくしたいと思うなら、自分で自分の悪しきところを見出すのです。「自分《どうー》悪《わ》っさね人《ちゆ》悪《わ》っさむ」という俗言もあるではないかの。

また負けるは勝ちということもあります。自分がおこないて善きこととわかったことなら、たとい兄の嫁さんから無理悪口言いかけられても、なる堪忍は誰でもする、ならぬ堪忍するが真の堪忍ですから、だまってさえおれば、それで雄弁にも勝る。それで正直は最上の方便ですさー。

そこで兄の嫁さんの七分のところは、あなたの七分のうち悪いと思う四分を切り捨て、残りの善き三分をもって向こうの短所へおぎない充分にあい助けると、自然《なんとなし》に兄の嫁さんの七分も三分にやわらぎ、また貴君の七分にあい助けて、互いにもたれもたれつ五分と五分と当分に仲もよく、かつ平和円満、幸福喜楽を保てるので、これが人と人との交義《まじわり》の道をつくするに、このうえもない得策たる真理はこれに含まれるのです。

和英辞典あります?

名前◉ホッス生　一九一四[大正三]年八月五日[水]

小沢博愛堂へ——貴店に三省堂発行、井上十吉氏著の和英辞典があります?　本欄までご通知願います。

楽譜をお持ちでしょうか

名前◉岬にて鈴蘭子　一九一四[大正三]年九月一七日[木]

皆様、もう秋でございます。吹く風、身に

しみ、うたうた哀愁を覚ゆるシーズンになりました。私は今、高窓に頬杖ついて荒れに荒れた沖の白浪に見入っています。そんな時に私はよく「つわもの」の曲や、シウマンの「リットルローマンス」を微吟《うたい》ながら我とも我が声の余韻にしんみりとした——淡い快感を味わうのであります。

おや、かんじんなお願い事をする所へ自分のことばかり述べ立てましたが、どなたか女声二部合唱「旅の夜」、旗野十一郎作歌・ルゼンスタイン作曲が独唱曲「旅泊」、原曲ゴールデンルールかジョセランの子守歌かの曲譜、お持ち合わせのお方がおられるなら、本欄までお知らせくださることはできますまいか。それについて改めてお願い申したいことがございますから、どうぞ。

猟銃が欲しい人はいますか

名前●姓名在社　一九一四［大正三］年九月二八日［月］

猟銃をお求めになる御方はありませぬか。僕が安価で譲ります。該銃は仏国シナイドル製銃会社の製品で、軍銃を狩銃に改め二十番

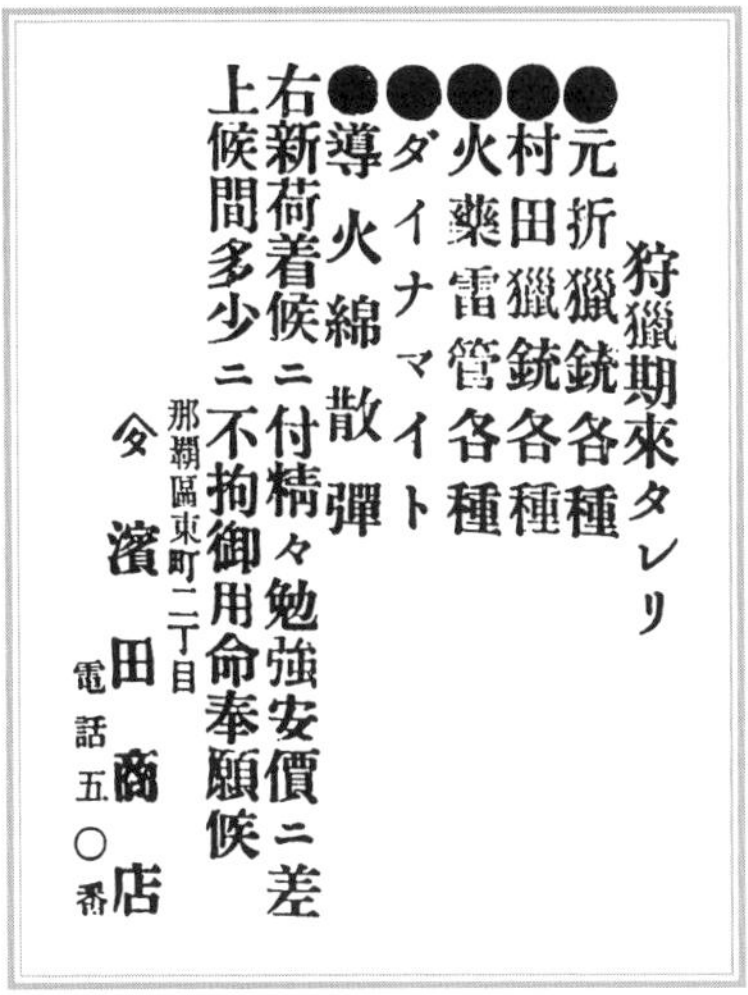

狩獵期來タレリ
●元折獵銃各種
●村田獵銃各種
●火藥雷管各種
●ダイナマイト
●導火綿 散彈
右新荷着候ニ付精々勉強安價ニ差
上候間多少ニ不拘御用命奉願候
那覇區東町二丁目
濱田商店
電話五〇番

［沖縄県立図書館蔵］

径ですこぶる堅固命中確実、もっとも猪撃ちに適します。お望みの方はご来談ください。

どんな「断然」ですか

名前◉浮草生　一九一四[大正三]年一〇月四日[日]

垣花〇〇〇蒲戸《かまと》様に呈す。貴友は大正元年から今までいつも断然、断然、と言いますが、その断然た(とは)、どんな断然ですか。前夜、貴友が小生《わたし》の院《うち》にお出でになった時も、やっぱり断然とは言いながら小生と二人、断然地なる辻後道《くしみち》、天使館の角に雲登楼に小生までも何くわぬ顔してニコニコと登楼したではないか。断然というものは、やっぱり行くことですか。一筆新聞でうかがいます。

[沖縄県立博物館・美術館蔵]

ニコニコに福は来ますか

名前◉凸面坊　一九一四[大正三]年一〇月七日[水]

私は毎朝毎晩ニコニコで暮らしておりますが、事実ニコニコの門には福来るですか。あるいはニコニコ大将になる時もありますか。教えてください。

主人持ちはこんなものですか

名前◉某医院の〇〇小　一九一四[大正三]年一一月一五日[日]

私は某医院の薬局でありますが、朝は早く起き、夜はおそくまで誠実に働きますが、先生からは毎日お目玉を頂戴しますが、主人持ちは皆こんなものですか。諸君教えてください。

→返信

名前●暁月生　一九一四［大正三］年一一月二二日［日］

某医院の◯◯小へ。僕も君同様でいつも左のごとき句を懐心しているのだ。

「主人は厳しく薬は苦し」

君もこの句をよく胸にとどめたまえ。

カタツムリ駆除の方法

名前●菜園島王　一九一四［大正三］年一二月四日［金］

私の菜園島に数百万の蝸牛《かたつむり》馬賊発生し、毎日たくさんの義勇兵をしてその駆除総攻撃に尽力していますが、一向全滅みるをあたわず、返って私どもの兵が敗けるので大いに困っていますが、誰か右馬賊の駆除策ご承知のお方はございませんか。

レターを取ったのは誰

名前●スルー生　一九一五［大正四］年二月二三日［火］

妾《あたし》の机の引き出しの中からレターがなくなりましたが、誰方《どなた》が取ったのでしょう？　あのレターは妾の亡き恋人《ラバー》の最期のレターなのですから！　妾はあのレターがなくなってからというのは何だかラバーの方にすまないような気がして正気でありません。お拾いの方は妾の心中を察してくだされまして、お面倒ながら妾のところまで届けてくださいませんか。返していただく方には相当の御礼を申し上げます。

→返信

名前◉未来の実業家　一九一五［大正四］年二月二八日［日］

私は去年から実業講習会の会員になっているが、去る夜ひそかに例の講習録をひもとかんと机に向いたらあるべきはずの本がない。毎日のシガー（タバコ）代を割いて会費に宛てたのがなくなるとは情けなくなった。先日レターを失ったスルーさんも同じ感でしょう。

函館
氷
御客様の御便利を計り
山川橋際にて
大賣出し
壹斤たった壹錢五厘
那覇西山川橋［平］前
函館氷元販賣
小村氷室
沖縄支店

［沖縄県立図書館蔵］

8

つぶやき

投書の内容があまりにも多岐にわたることから、これらを「つぶやき」として分類して紹介する。エッセイやアイディア、川柳などの披露、自身の体験談や感想など、さまざまである。日記の一節を抜粋して紹介する投書も面白い。自らの労働環境の不遇を自嘲する川柳や歌も哀しい笑いを誘う。現代で言うところの「ブラック企業」勤務の悲哀といったところか。

注目すべき投書に大正時代に流行った洋食の話がある。一九一二(大正一)年一〇月五日、那覇の善興寺坂下、一味亭の跡に美理軒という洋食屋が開業した。この洋食屋は評判を呼び、朝から深夜一二時まで客が訪れる大繁盛店となった(『琉球新報』一九一三[大正二]年四月三〇日)。料理の値段も法外なものではなく、沖縄そばが一杯五―一〇銭の時代に中食一〇―二〇銭の廉価で提供しており、「田舎男」の投書にもあるように、地方からも評判を聞きつけ那覇に食べに来る者もいた。新聞記事によると、主人の名護朝助の良質なサービスも人気の一因だったようだ。

開業者の名護朝助はアメリカ・サンフランシスコでコックとして働き、約一〇年後に帰郷。また同店コックの永田亀寿は沖縄に滞在していたメソジスト教会のドイツ系アメリカ人宣教師シュワルツのコックを務めていた。沖縄の「文明開化」は主にヤマト経由で到来していたが、洋食についてはアメリカからも伝来した点は注目される。他にも一九一六(大正五)年開業の那覇西新町にあった偕楽軒も知られている。帝国ホテルや横浜グランドホテルの元コックが調理を務め、食材は神戸から仕入れていた(『琉球新報』一九一六[大正五]年一月三〇日)。料理の値段は一皿一〇—四五銭まで、シチュー・サラダ・カツレツが一皿にのった「最新仕切皿盛」は四五銭であった。戦前の沖縄において洋食は一般庶民にもどうにか手が出る値段で、多くの人々(主に那覇の都市部の人々であったが)に楽しまれていたのである。

また「沖縄版早慶戦」ともいうべき、一中対二中の野球試合の観戦を楽しむ投書もある。投書で言及されている試合は一九一五(大正四)年二月一一日に泊の潟原で開催された。途中、豪雨のため一時中断するも、二九対二一で二中の勝利となっている。

有益なる英語の講義

名前●聴講者の一人　一九一三[大正二]年二月一九日[水]

泉崎橋側《そば》の美以教会にて毎日曜午前九時より約一時間、米人ブル氏[*]の英語講義(聖書につき)がありますが、同氏の熱心なる講義はすこぶる有益にして、特に英語研究会者には千金の価値があります。

*ブル氏——アメリカ人宣教師アール・ブール(一八七六—一九七四)。一九一一年、アメリカのメソジスト監督教会から派遣され一五年間布教、中学校で英語も教えていた。

[沖縄県立図書館蔵]

●真和志(教会)。ブール牧師(右端)と駕籠[那覇市歴史博物館蔵]

大人気洋食店「美理軒」登場

広告
御待ち兼ねの洋食はいよいよ
本日より開業つかまつり候《そうろう》

大正元年十月五日
那覇饒平名《よへな》病院の隣、一味亭の跡
美理軒《びりけん》
名護朝助[*]
元シュワルツ氏[*]コック　永田亀寿
（『琉球新報』一九一二[大正元]年一〇月五日）

＊名護朝助——首里出身。一八七八（明治一一）年生まれ。一八九七（明治三〇）年、慶應義塾に入り、翌年アメリカのサンフランシスコに渡航、コックとして料理を学び、約一〇年後に帰郷。

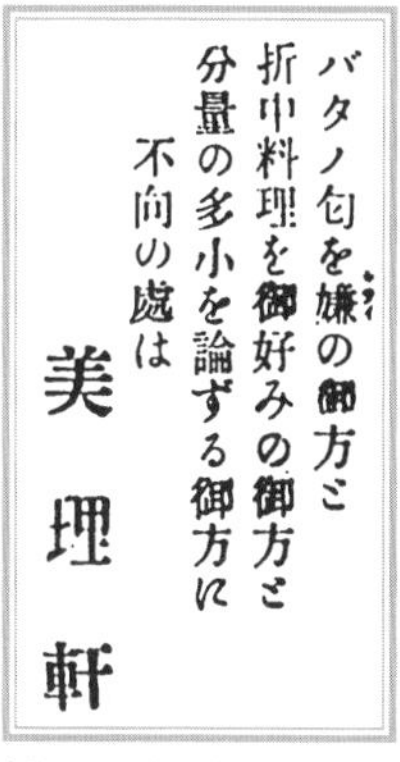
バタノ匂を嫌の御方と
折中料理を御好みの御方と
分量の多小を論ずる御方に
不向の處は
美理軒
[沖縄県立図書館蔵]

＊シュワルツ氏——ヘンリー・B・シュワルツ。ドイツ系アメリカ人の宣教師。一九〇六（明治三九）年にメソジストの宣教責任者として赴任。安里のメソジスト教会で布教活動を行った。一九一〇（明治四三）年まで滞在し、以後はアール・ブールに引き継がれた。

初めての西洋料理

名前◉田舎男　一九一三[大正二]年三月二九日[土]

美理軒《びりけん》主人に感謝す

私は某地方の教員でありますが、那覇には年に一、二回も来ませぬので今度来たついでに西洋料理というのがどんな味がするものかと、一生の奮発をして善興寺坂下の美理軒にあがった。

なるほど、世間の噂通り料理の美味なることは、実にあごも解《と》けんかと疑わるるほどでした。料理のうまいのはこれ当然のことではありますが、サテ勘定書がいかほどついてくるか、私は初めての試食ですから料理代の高価はもとよりの覚悟であって、懐中には十円余の銀貨を持っていました。

ところが、あにはからんや、勘定書を見て驚いたはタッタ六十何銭。これは必定、主人が勘定違いと思っていたが、それがホントの値段なのには二度驚きました。主人のおっしゃるにはちょっとした中食なら十銭や二十銭でも腹いっぱい食べると言うことでした[＊]。

イヤハヤ、聞くより低し富士の山で、田舎に生まれたために広く世の中を知らず、今まで損ばかりして歩いたのはいかにも口惜しい次第でございます。料理は滋養あって高尚でうまくて、そして値段が安いときているから、美理軒が朝より繁昌するも無理はありませぬ。

＊——大正時代の支那そば（沖縄そば）の値段が一杯一〇銭ほど。

風流な美理軒主人

ソロソロ夏が来て夜の那覇もいよいよ賑やかとなった。波上《なんみん》の人出はさることながら、近来、善興寺下・

美理軒の繁昌ったらソレはソレは朝より夜の十二時まで、千差万別のお客が入り変わり立ち変わりなかなかの繁忙だ。

美理軒の繁昌は第一、値が安い。料理に口にアッサリして美味なるのみならず、ちょっとした夕飯食いにきわめて便利なるも繁盛の原因だが、それに一番お客様がお気にかなったのは、風流なる主人・名護君のやり方だ。

米国式のハイカラでお大名気質《かたぎ》を離れ、すべてが平民主義・平等主義で、時に板場に化けたりボーイに化けたり、あふるるばかりの愛嬌をこめての接待ぶりはこれがまた大評判となって、楼上楼下、客の絶えざることはない。時にお客に呼ばれて相対せば、坊さんなれば坊さんの挨拶、詩人・官吏・商人・百姓・教育家いずれの方面にも各々その趣味を発揮してお客様を喜ばす。

近頃感ずるところありて酒は容易に召しあがらず、煙草は可愛き君のすすめで結婚四日以来廃止したと言うが、それでも主人は酒は飲まぬに赤い顔もすれば、煙草は飲まずに敷島[*]の風味を論じて、決してひけはとらぬということだ。

風流っ子自愛せよ……

(『琉球新報』一九一三[大正二]四月三〇日)

＊敷島——紙巻き煙草の名。明治三七—昭和一八(一九〇四—四三)年の間、売り出された。

洋行土産の美理軒

ビリッケンといっても、アメリカの福の神がはるばる琉球へお降りあって、善男善女に福徳を授けたまうものと早合点はしたまうべからず。那覇の中央東市場から情けの辻への通路《かよいじ》なる善興寺坂の登り口にこのあたりに見かけぬ洋風造、二間間口の二階建て、そのガラス窓を漏れて、舶来の香が往来《ゆきき》の人の鼻をうつ。

建てつけの悪い扉《と》を開けて二階に上がれば、八畳と六畳の二宅《ふたま》には、中央の純白《まつしろ》な卓子掛《テーブルクロース》の上に並ぶ薬味セットに、桃の花緋《はなひ》にこぼれ、周囲《まわり》の板壁の貧弱な西洋画や日本画の間から、西洋料理の献立表《メニュー》がかすかにのぞいている。

主人はやんごとなき名護の殿様の流れとやら、十年の余も米国に遊んで、帰ってきてから洋行土産のレストラント、と聞いただけでは何から何まで米利《メリ》堅《ケン》式で、紐育《ヨーク》はああだ、桑港《シスコ》はどうだと、五色の酒は愚かなこと、下戸にはうまいベルモット［*］、甘いシャトリユース［*］や強烈なアプサン［*］もござ候《そうろう》と、気の小さい田舎者は英語の片言くらいしゃべれなければ、一杯のカフェーも味あわれぬかと思うけれど、その心配には及ばぬこと、西洋酒は本県の方には向きませんとばかり、ただ泡盛の香のみ高く十幾種の料理はどなたの口にも適《あ》う月並ばかり。一皿十銭で美味い料理の食えようはずもなけれど、カツレツの衣は表側だけ熱い国のためか裏側は跡もとどめず、オムレツも何の咎があったやら、見事に切腹している。

エプロンの胸白い女給仕がいてその一声一笑に若人の心もそそるでもなく、美味い料理があってハイカラ男の欲望を満足させるでもなけれど、安いと珍しいが呼び物となって、内地人六分に本県人三分、残りの一分には島田や銀杏返しの婀娜《あだ》［*］なのも交じって、時ならぬに香水の香をただよわす。

あえて新人の群れが来ずとも、新しい女が寄らずとも、那覇の洋食屋《レストラント》はかくして平和に栄えてゆく。

（『琉球新報』一九一五［大正四］年三月三一日）

＊ベルモット――白ワインを主体とし、香草やスパイ

スを配合したフレーバーワイン。

＊シャトリュース——シャトリューズ。フランスを代表する薬草系リキュール。

＊アプサン——アブサン。ニガヨモギを主体とした各種ハーブを原料とした薬草系リキュール。幻覚作用を起こすとされ、ヨーロッパ各国で一時禁止されていた。

＊婀娜——女性の色っぽくなまめかしいさま。

洋服男のセールス

名前●大男生　一九一三［大正二］年五月一四日［水］

昨日午前のことである。首里の旧市場跡に大勢の人が群集しておったので、何ごとであろうとその中に混ざってしばらく差しのぞいてみたら、色の赤黒い肥えた洋服姿の男が汗たらたら流して妙な芸当をやって、それがどこの馬の骨かわからないのにしきりに偉そうな口ぶりでしゃべっている。

それには別に何の罪もないが、自分の売薬を売らんためにヤブ医者攻撃、それに魔術の伝役をやるとか言っておるが、いったい人間は馬鹿でなし、誰が左様なことを真に受けるものがあるか。それよりか、むしろ素性を洗って真面目なことをやったよいさ。

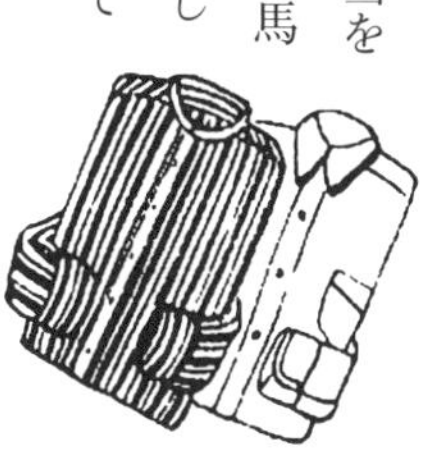

［沖縄県立博物館・美術館蔵］

ブラック企業川柳

名前●天鏡生　一九一三［大正二］年五月一四日［水］

誰やらこんな川柳をこしらえて送ったもの

があるが、それはいったい川柳になっていますか。読者諸君の判断にまかせます。

「罰棒をすると脅《おど》して部下苛《いじ》め」
「罰棒で威嚇《おどか》し部下を虐待す」

目じりの下がった人間は

名前●某会場において呆れた生　一九一三〔大正二〕年六月一六日〔月〕

目じりの下がった人間はすこぶるもって助《スケ》平《ベイ》と見える。

ハブが出た！

名前●吃驚仰天　一九一三〔大正二〕年八月一六日〔土〕

さる八日の夜、那覇より首里へ赴く途中、時間はいまだ十時か十一時頃であるが、唄《うたい》端《はんた》の方にて長さ二尺（約六六センチ）ぐらいの小ハブが匍《ほ》うて［＊］歩いているのを見て、私は大いにびっくりした。

ちょうどその時はまだ月があったのでようやくそれと知れたが、もしそうでないと噛まれたか知らんと後で冷やりとした。通行人は注意したまえ。

＊匍うて――這《は》って。

鬼火を見よう

名前●帽子屋小僧　一九一三〔大正二〕年九月一三日〔土〕

妖火日《ようかび》［＊］の夜は鬼火を見ようというので遅くまで起きていた。もとよりそんなことは馬鹿げたことだとは思うていたが、しかしろくに寝れなかったのでやむなく起きていなければならぬようなことになった。月はもう落ちていた。空は星がいっぱいになってきらきらと輝いている。それは実に立派なもので美という観念が深く印象されたのだ。

風はおもむろに吹いて草木も眠るという頃であった。しんとした夜の景色、それに鬼火がほやほやと出るというのだからそれと見ようという連中は桟敷がないので屋根の上に登っている。はるかに鶏鳴がある。いくら待っても鬼火は見えない。雨戸より漏れる電灯の光に大騒ぎしている本年は爆竹が少ないので容易に鳴らすのを聞かない。

こういう間に夜は次第にふけて眠気がさすようである。酒に呑まれて騒がしく往来の人に乱暴をふっかけて喧嘩を買うとしてるところに、巡行の巡査がコラコラと言われただけで酔人は閉口してしまった。その時に巡査の権威もなかなかのものであると思うた。別に警察へ連れ行かないで宅《うち》へ帰してしまったが、その夜はずいぶん酔っ払いが割合に多かった。

＊妖火日——旧暦八月八日に高台に登って火の玉を見る風習。

料理屋タンメーの再就職先

名前◉辻二才　一九一三［大正二］年一〇月一一日［土］

辻から三世相《さんじんそう》して歩く六十ばかりになる禿頭タンメー［＊］はかつて首里の久場川で料理屋を開いておったが、それが失敗したのでついに三世相となった。

＊タンメー——沖縄方言で「おじいさん」のこと。

幽霊出没

名前●二階の窓より　一九一四［大正三］年三月一八日［水］

時は牛満つ、真夜中にはるか東側なる海中より「クルマー、クルマー、シーミー」と若き子供の叫び声、闇をやぶりて硫黄城《いおうぐすく》［*］のあたりに響く。この四、五日前より溺死者の霊なるかなどと噂とりどり。余《よ》もあまり不思議なることと思いて、柱にかかれる角時計十時を報ずる頃、二階の窓より耳をすませばも違わず例の叫び声が聞こえた。近頃、硫黄城付近での大評判。

*硫黄城——那覇の港町・渡地《わたんじ》にあった、琉球王国時代の硫黄貯蔵施設。

映画はおもしろい

名前●一学生　一九一四［大正三］年四月二九日［水］

帝国館の活動写真（映画）は貴紙娯楽世界においてご注意なされし通り、プログラムの配合によほど注意し人物の写真の次にはいろいろ風景ものを出してあるから見物の目も少し

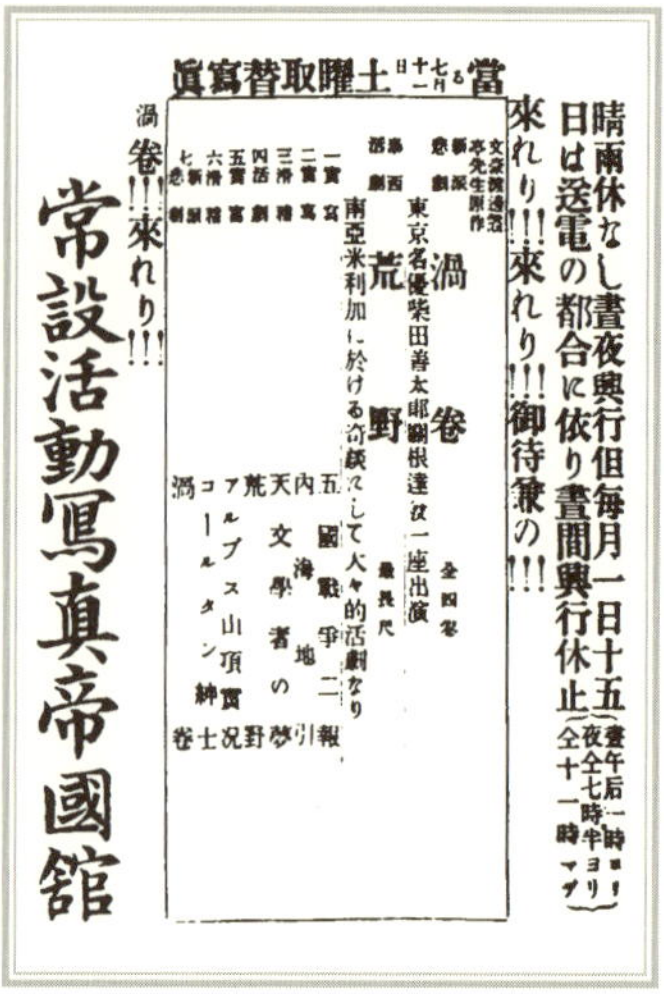

［沖縄県立図書館蔵］

も飽かさず、以前よりか、はなはだ愉快に見ました。

近藤さん、泰西（西洋）の風景もすこぶるよろしいですが、我々学生には勇壮活発なる運動界の実況をもご紹介してくだされぱこの上もないしあわせと思います。

ボツにしないでください

名前◉前垂子　一九一四［大正三］年五月一八日［月］

新聞投書をして没書されたらヘソが宿変えでもしたように気抜けがする。何と殺風景でしょう。係様、前垂子の笑いの五投書は不得《ふとく》要領《ようりょう》［*］ですか？　ちょっとお伺い申し候《そうろう》。

*不得要領——要領を得ないこと。要点がはっきりしないこと。

→返信

名前◉［読者倶楽部］係り　一九一四［大正三］年五月一八日［月］

サァサァ。

名前◉［読者倶楽部］係り　一九一四［大正三］年八月二五日［火］

邦月生君の「没書するなかれ」の投書は没書することにしましたから、何とぞよろしく。

初乗り電車川柳

名前◉風来坊　一九一四［大正三］年五月二九日［金］

初乗りの電車より、川柳

「用もなく首里往来や初電車」

「見合い所を電車の中に変更し」

「新婚の旅行首里まで初電車」

名護の景気

名前◉名護浮葉生　一九一四［大正三］年六月一〇日［水］

名護より

僕は毎夜大通りおよび後道・中道通りを散歩しておるが、商店および飲食店の不人気なることは実に言いようのない次第である。料理屋を見るに、亭主はじめ酌婦にいたるまでちょうど一人子を亡《うしな》いておるごとく、気の毒なる有り様である。

あわや大事故

名前◉夏坊　一九一四［大正三］年六月一八日［木］

六月八日、与那原行きの馬車に乗って一日橋に差しかかる時、馬が梶棒《かじぼう》からはずれて一

◉「陣ケ森ヨリ名護町全景ヲ望ム」［那覇市歴史博物館蔵］

目散に逸走《いっそう》し、馬車屋が止めようとしても止まらない。アワヤ一日橋の鬼（つまり幽霊）となろうとするところだったが、ようやく向こうから進行してくる二頭の馬車のため馬が止まった。近頃馬車はよく間違いがあるから、警察は厳重に取締をしてもらいたい。

蒸す夜の散歩

名前◉赤前掛　一九一四［大正三］年六月二三日［火］

昨日の晩だ。蒸すがような苦しい暑さにたえず、波の上に散歩に行った。西武門より左折せんとするや、ゴウゴウと軋《きし》る電車の音がしたので乗ってみたく、車内の客となる。夜の電車は今なお、かなりの人気である。車内はさん然たる電灯の光で不夜城と化した。僕が一隅に腰をおろさんとするや、左側よりしきりに僕を冷笑するがような男と女の大きい高い笑い声がする。振り向くと、あに計《はか》らんや、鼻メガネの○高君とハイカラの福君とが粋人気どりで○○を連れ得意らしく座を占めていた。

今日は飲曜日

名前◉前之毛三郎生　一九一四［大正三］年七月二日［木］

余が崇敬する兄《けい》らよ。若狭町の某、余に豪語していわく「我らの仲間では非番のことを称して飲曜日《いんようび》と称すなり」と得々《とくとく》得々顔たり。

諸君よ、飲曜日とは何ごとの暗号か暗示か、諸君は解釈するに苦しむであろう。諸君よ、驚くなかれ。飲曜日の警語は終日酒を呑んで日を暮らすとの意義なりと。実に言語道断ならずや。

上司の品格

名前●○○生　一九一四[大正三]年七月一〇日[金]

上官たる者が同じ部下の甲を愛し乙を憎むがごときは、たとい甲を親類縁故ありといえども、人間としてかくのごとき表裏根性を持つ奴は人間でなく人形だと思う。

起こるアクター熱

名前●一文学狂　一九一四[大正三]年七月一一日[土]

近頃、次第に俳優《アクター》熱が起こってきたようだ。南国日報の碧月とかいう人の役者になると告白していたようだが、私は碧月という人がどんな人か知らないが、聞くところによれば同氏はかつて一中に学んだことがあるそうな。

また自分は某中学の学生に将来俳優になり舞台に立ってみたいという希望の人が二、三人いることを聞いた。沖縄の劇界を革新し発展させてゆくには少なくとも中等教育を受け

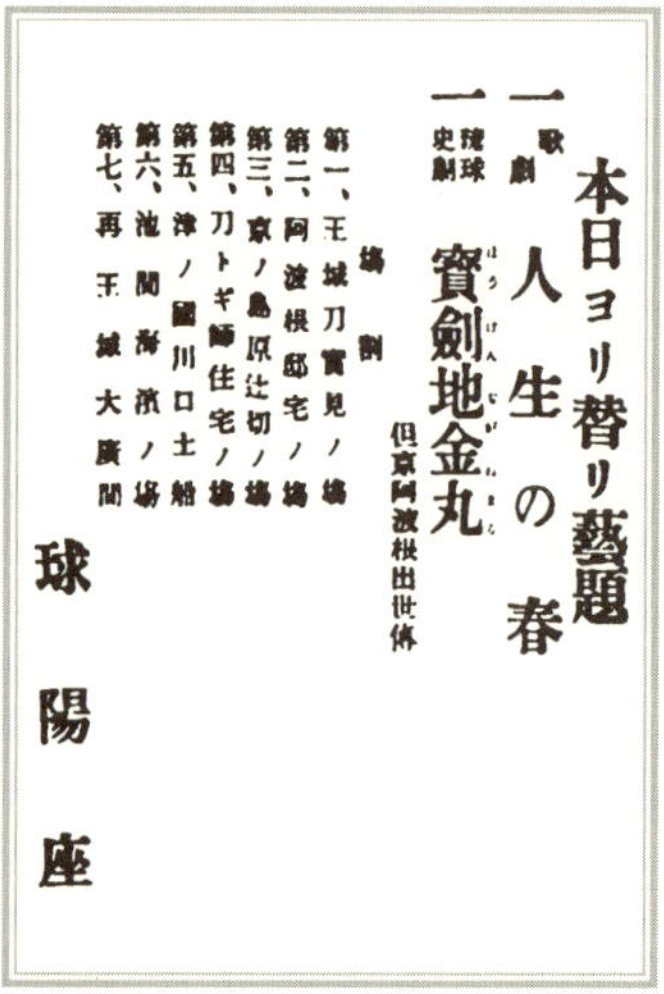

[沖縄県立図書館蔵]

て真面目に研究し相当の努力する人の腕に待たねばならないと思う。

　願わくば俳優たらんとする若き人々よ、御身らの手によって理想のシーンを建設し、目覚むるばかりのサムシングが展開されん日を期して待つ。

金ブチ眼鏡大流行

名前●腰巻生　一九一四［大正三］年七月一二日［日］

　近頃、金眼鏡七、八銭くらいのものが大流行しているが、さすがの馬車のハイカラ君らにも大流行している。思うに、いかなるわけをもって金メッキの眼鏡をかけるやら、少しも了解せない。

ハイカラな不思議女

名前●宮古宿生　一九一四［大正三］年七月一九日［日］

　先日、私が大門から電車に乗ったところが、実にハイカラとでもいうのか不思議な女が乗って私の真向こうに腰をおろした。髪は筑《ちく》紫《し》と鍋祭りというような具合、面は極彩色でその虚偽さはまた、はなはだしい。手に立派な洋傘《かさ》を持ち、かなり姿の良い婦人である。

　車内の人は、視線は一時にこの美人に注いだところで、この美人は口もとに笑みをたたえて高慢らしき姿をしている。必ずや本人は自分の美をうらやましそうに見ていると自惚《うぬぼ》れたにちがいない。なんぞ衆人にあざけられているとは知らなかっただろう。時間を失って人のあざけりを買うようなことを何ゆえするのか、と私は感じた。

そこで首里でこの女が降りると、職人風の男が後姿を見送って、「何だい、今のやつは」とあざけったので車内の人々はクスクスと笑うたのである。

人の心を見る鏡

名前●水児生　一九一四［大正三］年七月二七日［月］

ああ観心鏡《かんしんきょう》［＊］、誰か発明すべきものあるか。もし発明せられたればこの世は神の代《よ》である。観心鏡をもって心を知らば、いかなる人も改むるところがあろう。のち、ついに悪意を絶つることであろう。しからばこの世は神のごとくなるである。観心鏡！実に重宝なるものである。再び言う。誰か観心鏡を発明するものあるか。

＊観心鏡――人の心の中をのぞくことができる鏡のこと。

日記の一節から――❶

名前●与那原無花生　一九一四［大正三］年七月二九日［水］

日記の一節
店を閉まったのがまさに十一時であった。洗いたての浴衣にかえて町はずれの海岸へ朝陽生と二人、手に手を取り納涼に出かけた。吹きくる南風はソヨソヨと浴衣のそでを払い、家の蒸し暑さに比すれば夏と冬との差がある。納涼の客はもはや帰りしとみえ、ただ残るは釣竿をおろした老父と三人しかいなかった。
海の真ん中に火が見える。津堅の灯台の光に山原舟の走る光景は、油絵を見るようである。くり舟に合う小波の音がサラサラと音を立て何となく淋しい感じがすると、ふと我に帰ってみれば警鐘は十二時を告ぐ。辺りをながめてみると、しんとして物静かで、はるかに犬の声が聞こえていた。

日記の一節から――❷

名前●静枝　一九一四［大正三］年八月一六日［日］

日記帳より――宅《うち》の狭い庭には今朝もアサガオの紫の花が六つ咲きました。私がこれを狭い庭の片隅に植えましたのは六月頃でありました。だんだん生長して今では大抵の暴風《かぜ》にはこたえるほどの大きさの根になりました。休暇《やすみ》になってからは朝寝坊をして綺麗な花を見ることはできませんでしたが、今日はいつになく早起きして水を撒いたりしているうちに六つの花は後先になって咲きました。

○○さんなんかはよくこの花をほめてくださいます。種子《たね》が落ちたのかその大きな根のところには二、三十ばかりの新しい芽が出ました。私もアサガオの花を愛する一人です。もう東の空には赤いおてんとうが出ました。これから働かねばならん時分です。

奴隷の歌

名前●晨日生　一九一四［大正三］年八月一日［土］

半裸体　汗タラタラと　昼も夜も働きながら　小言《こごと》言われる奴隷なり　頭ペコペコ地につけて　主人の機嫌　うかがう小僧

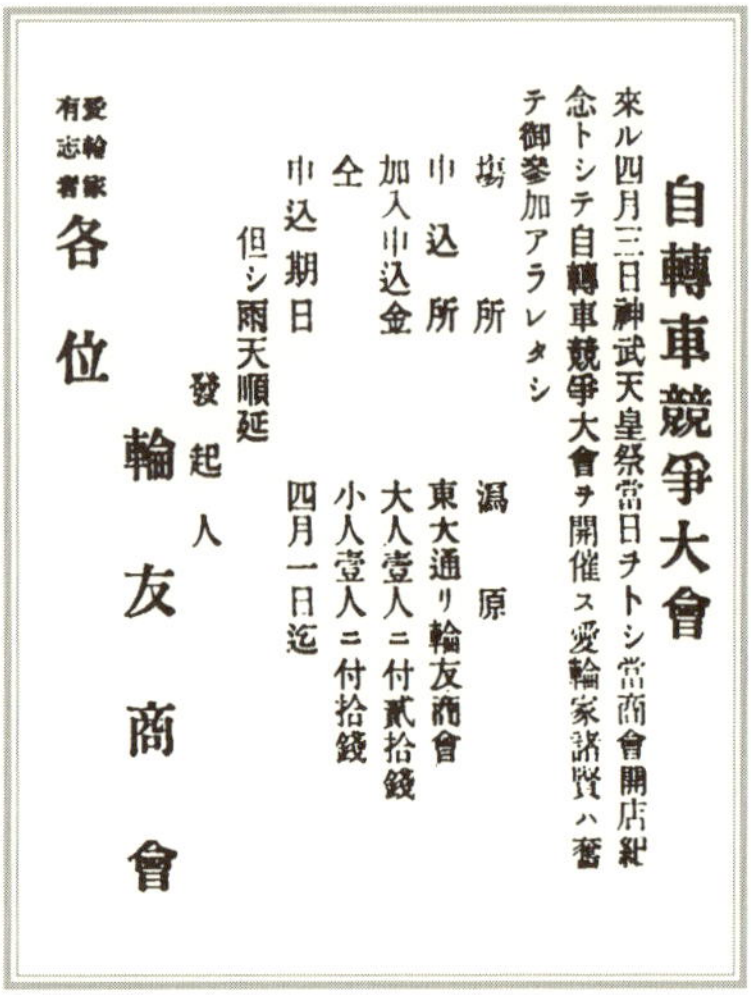

自轉車競爭大會

來ル四月三日神武天皇祭當日ヲトシ當商會開店紀念トシテ自轉車競爭大會ヲ開催ス愛輪家諸賢ハ奮テ御參加アラレタシ

場　所　潟原
申込所　東大通り輪友商會
加入申込金　大人壹人ニ付貳拾錢
仝　小人壹人ニ付拾錢
申込期日　四月一日迄
但シ雨天順延

發起人　輪友商會

愛輪家有志者　各位

［沖縄県立図書館蔵］

敏ちゃん、ちょっとおいで

名前●水月　一九一四[大正三]年八月二〇日[木]

敏《びん》ちゃん敏ちゃん、ちょっとお出《い》で。何？姉さん、と六つになる敏ちゃんは井戸端で石鹸《しゃぼん》を使っている。姉さんの方へ走った。姉さんは今年十六才で清々しい着物の下から血色のよい細かい玉の肌が見える。姉さんのうちはね、敏ちゃん明日△△町へ移るのう。お遊びにお出でね、新しく造った二階に泊まらせてあげるワ。

楽しかった夏休み

名前●思水生　一九一四[大正三]年八月二八日[金]

ああ、楽しかった夏休みもまさに尽きんとしている。親友と、あるいはただ一人、あの物静かな奥武山公園に、月の波之上に、また壮大な崎樋川《さきひーじゃー》[*]の海岸を散策したことは過去の夢と化してしまったのか。

*崎樋川——那覇の天久にある泉。

道行く少女の会話

名前◉栄山　一九一四［大正三］年八月三一日［月］

道行く少女《おとめ》の後姿《あとすがた》、女学生にやあるならん、大声小声話しあう、「我学業を終えたらば、新婦人とはなりてこそ、男尊女卑のこの世をば、女尊男卑とくつがえし、もって女の苦痛をば、男に返しその味を、与えてやるの覚悟なり」、これを聞きたる我輩は、あまりおかしくふきだせり。

戦争で不景気

名前◉羊毛生　一九一四［大正三］年九月一〇日［木］

欧州戦乱のため、沖縄重要物産たる帽子業が大打撃をこうむったことは世間一般人の知るところだが、そのため区内の男女職工連はにわかに就職難をきたし、途方にくれているものが多かった。

ことに困ったのは西方の色白きアイグヮーメー［＊］連である。赤貧洗うがごとき家に生まれながらも二、三十銭の石鹸はおろか四、五十銭の白粉《おしろい》やらその他の化粧品で工賃の半分以上を費やしていたが、今度の不景気で四銭くらいの石鹸だに使うことができないとは、実にかわいそうだ。

しかし近頃二、三の会社が事業始めたので、食うにはさほど心配はないようだけれども、模合《もあい》［＊］その他のいろいろなことには困っているそうだ。

＊アイグヮーメー——沖縄方言で「お嬢さま」。

＊模合——沖縄で広く行われている頼母子講や無尽講

の一種。相互扶助的な金融のしくみ。

【コラム】沖縄駐留の日本軍

「基地の島沖縄」と言われるほどに軍事基地が集中する沖縄だが、意外なことに戦前は軍事基地はなく、日本軍の駐留も明治の一時期を除いてなかった。一八七九（明治一二）年の琉球処分で熊本鎮台沖縄分遣隊およそ四〇〇名が駐屯したが、撤退後には沖縄連隊区司令部（第六師団管轄下）が置かれた。司令部の任務は徴兵業務で、常駐する軍隊は存在せず、沖縄は全国で唯一、連隊のない県であった。そのため戦前沖縄の戦力は「軍馬一頭（連隊区司令官の乗馬のみ）」と揶揄されたほどだ。一九一三（大正二）年には九州から来た第六師団が沖縄で軍事演習をおこなっている。

この状況が一変するのが太平洋戦争に入ってからである。日本の敗色濃厚となった一九四四（昭和一九）年、牛島《うしじま》満《みつる》中将ひきいる第三二軍が沖縄防衛のために配備され、多数の航空基地や陣地が建設された。翌年の沖縄戦では激戦が展開されたが、大正時代の演習で想定された戦闘をはるかに上回る規模であった。

よく当たる易者

名前●首里の易狂生　一九一四［大正三］年九月一八日［金］

聞くところによれば、糸満町町端辺に吉里

某という六十すぎの親父がいるそうだが、十分易学を修めた人で町内でも親父に並ぶものは少ないとかいう話だ。しかし親父はもとより引きこもりがちにて、別に専業的にはやらず、ただ用人があらば応ずるだけであるとか。聞くところによれば諸事判断神妙であるそうだから、近日に訪れたいと思う。

投書欄の反論について

名前●破天荒生　一九一四［大正三］年一〇月二日［金］

「諫言耳に逆らう」とやらで、自己の非を親切にも忠告してくれる恩人に向かって失敬なことを吐いて、反抗的態度に出るものを往々本欄で見受けるが、火の気のないところに煙はなかろう。事実無根のことをわざわざ公言するような根性悪い人はまさかあるまい。

［沖縄県立図書館蔵］

自転車のチャンピオンになる

名前●自転車気狂　一九一四［大正三］年一〇月六日［火］

不景気、不景気と泣き言ばかり言わずにどうです、自転車競走会でも催してはいかがです。我々も伝習して「ちゃんぴおん」の名誉を荷負わんと考えておりますから、何とぞ愛輪家諸君、ぜひ天長節の後先には御催しを願います。

名前●残念生　一九一五［大正四］年一月二二日［金］

過日、輪友商会の自転車競争の日は雨天後のため、余のトラックは意のごとく迅速にはできなかった。四月にはどうせチャンピオンとなる。

秋子さんが大好きだ

名前●永月　一九一四［大正三］年一〇月二五日［日］

豆ランプのジージーが物淋しく聞こえたと思うと、急に戸がガタガタする。寒風《さむかぜ》が身にしみる秋だ秋だ。南国にも早や秋子さんは訪れてきた。我は秋子あ（さ）んが大好きだ。読書もできる、野に出でて運動もできる、夜など暖かい綿入れを着て秋子さんの悲しい歌も聴くことができる。

人生は夢のようだ

名前●白髪短命　一九一四［大正三］年一〇月三〇日［金］

私は今年六十歳の歳を迎えけるが、どうも夢のようだ。少青年時代はよく働いてよく遊んだが、今はもうよく働くことができんから して、今後はひとつ、三味線でも弾いて楽して暮らしてみようと思うておるが、どうもウキウキできませんが、愛読者諸君《あなたがたさん》のうちに三味線を教えてくれるところはございませんか。もしございますなら、お手数ながら本欄でお知らせを願います。

繁華街の実態

名前●秋楽生　一九一四［大正三］年一一月七日［土］

昨日、試みに石門通りや大門前通りまでほぼ諸店を伺いて見るに、意外にも商品の広告や旗等を勢いよく樹立してあるも、買い手の人々は少なく、多くはただ見に来る者があるのみにて、品を持って帰るはやや見つかりがたい。

那覇は都会だ

名前●与那原春静生　一九一四［大正三］年一一月二三日［月］

久しぶりに田舎から那覇へ来ると、ちょうど夜が明けた心地で目がさめた。那覇はまあ都会だ。汽車も近内に開通するし、電車はも

●大門前通り／大正時代［那覇市歴史博物館蔵］

とよりだが実に久しぶりでは驚くほどだ。

【コラム】――戦前那覇の繁華街

現在、人々でにぎわう国際通りや牧志の公設市場（マチグヮー）だが、戦前は湿地帯や畑・原野が広がる寂しい場所であった。戦前の那覇の商業的な中心地は久茂地川を越えた、かつて「浮島《うきしま》」と呼ばれた場所である。東町・西町など琉球王国時代より続く港町で、沖縄県庁や那覇区役所もここに位置していた（沖縄県庁は一九二〇年に泉崎に移転。那覇区は翌年市制へ移行）。もっともにぎやかな通りは泉崎橋付近から東町の那覇区役所前にいたる大門《うふじようめー》前通り。寄留商人の店である百貨店・円山号《まるやまごう》や平尾商店、青山書店や那覇郵便局といった建物が軒を連ね、那覇のシンボルともいえる那覇区役所のサイレン塔（一九一七［大正六］年建築）がそびえ立っていた。

最大の市場「ナーファヌマチ（那覇の市）」は東町の広場にあり、野菜や肉、魚、焼物などの露店がジャンル別に並んでいた。売り手はほぼ女性で、大きな傘を立て品物を販売し、連日雑踏をきわめた。一九一八（大正七）年には新たに埋め立てられた旭橋付近の土地に移転した。

官幣小社の波之上宮につながる波之上通りも活況を呈していた。参詣沿道の左右にはビアホールや支那そば（沖縄そば）屋、かき氷屋などの料理屋が並び、辻の遊廓にも近かったので夜も客足が絶えることはなかった。

兄は帰ってこない

名前◉緑夢　一九一四［大正三］年一一月二三日［月］

ガタガタと側の通りを車が通るごとに私は二階から首を伸ばして見たけれども、恋しなつかしい兄さんは今日もまた帰っては来られぬのだ、ああ兄住む嘉手納の町、濃き緑に取りまかれた詩的な小さい町。そこには今、私のたった一人の大切な兄さんがションボリと、この静かに暮れゆく秋の夕べの景色を眺めているであろう。

熊肉を買ってみよー

名前◉無病生　一九一四［大正三］年一一月二六日［木］

市場辺でベラベラしゃべって売っている熊の肉は実際薬になろうかなー。一斤（約六〇〇グラム）くらい買ってみよー。

阿波の変わり者

名前◉感心生　一九一四［大正三］年一二月三日［木］

羽地村《はねじ》、字仲尾次《なかおじ》の人で花城清賀《はなぐすくせいが》という人が当時字阿波《あは》にいるが、この人はちょっとカワリ者で、身は日雇稼《ひようかせぎ》をなしながら、同字より久志《くし》村に通ずる道路は悪道たるため、「国家のためだ」と言うて、雨天その他、字《あざ》の遊びの日などにおいて修繕しておりますのは、はなはだ感心であります。

［沖縄県立図書館蔵］

そのため字阿波より報労金として金二円を与えたそーであります。

あってもなくても困る銭

名前●苦丸生　一九一四［大正三］年二月一三日［日］

世の中であっても困る、なくても困るものは銭だ。自分の内に置くと盗人が入る。渡さないと命があぶない、困る。床下に置くとサビがして困る。人に貸すと返さないとまた困る。置いても貸しても困るから娼妓《しょうぎ》を買い、菓子を買いして食ったりくれたりしたら汗水流して儲けた金だから困る。自分の持っている一円五十銭の金の始末はいかにしたらよいでしょう。

待合室でのできごと

名前●閑村生　一九一四［大正三］年二月一五日［火］

診察所を出た。僕は控所に行ってそこに据わってあった大火鉢の側へ座った。あたりには四十格好の男と十七、八頃の女とが差し向って座っていた。二人とも固く口をつぐんでその顔には人生の果敢なさが読まれ、長い沈黙を僕ら三人は続けた。

隣のチャチャさん

名前●近所の人　一九一四［大正三］年二月一五日［火］

隣のチャチャさんは非常の勉強家で、朝は早くから夜は遅くまでトンテンカン、トンテンカンと働いているのは世間の模範男だ。

寒い夜のバイオリン弾き

名前◉古木生　一九一五［大正四］年一月二九日［金］

寒い夜、市場の老榕亭《ろうようてい》の側で二十二、三の青年がバイオリンを弾いていた。青年の周囲にはたくさん人が集まっている。街灯の光はここまでも明るく照っている。青年の肩から下は影で見えなかった。青年は細い声で歌っていたりして少時歌を止めては何かひとり言のようなことを言って笑っている。冷たい風が吹く。人々はオオ寒いの？　一人去り二人去り、後には二、三人の姿しか見えぬ。青年の顔は曇った。やがて青年はどこへともなく寂しく行った。

満員の映画館

名前◉活動好爺　一九一五［大正四］年二月一日［月］

去る二十七日の晩、余は帝国館を見物したが一等より特等のほうが満員であったのには驚いたが、まーッ、宮下活弁［*］のしゃべりぶりには二度驚いた。ことに活劇正劇には京阪に出ても彼は有数だろう。しゃしんも素敵に面白い。また高尚で子弟の娯楽場としては格好な所だ。

*活弁――活動写真の弁士。

旧暦、年の暮れ

名前◉内地人　一九一五［大正四］年二月一一日［木］

旧の年暮れが近いから夜の街道の混雑とい

うたら非常なものである。各店の電灯が昼をあざむくばかり照っている。暗いところも常とはちがって提灯の群れが多いようだ。私は幾度も通行人と衝突したことがある。本県の年の暮れも賑やかなもんだ。

［沖縄県立博物館・美術館蔵］

一中VS二中の野球試合

名前◉狂雀　一九一五［大正四］年二月一一日［木］

一中対二中［＊］の野球仕合（試合）は本日潟原《かたばる》

●一中対二中の野球試合［那覇市歴史博物館蔵］

で行わるるそうです。今度の戦が両校の関ヶ原を決することですから、定めし両校のチャムピオン諸君の腕は鳴っているでしょう。とにかく私は時間の鳴るのが待ち遠い。

＊一中、二中——県立第一中学と第二中学。それぞれ現在の首里高校と那覇高校につながる。戦前沖縄の進学校。

【学生欄】——野球仕合雑観

十年ぶりに野球の仕合(試合)を見るべく濁原に出かけたのはおよそ九時半頃であった。ちょうど一中の和田先生が選手とともに塁《ベース》の配置やネットを張るやらラインを引いたりして、はや好球家の血を湧かせていた。

本塁の後方には一中・二中、その他学生連が道の上までいっぱいになって開戦を今や遅しと待ちかねている。それに今日は紀元節[＊]の祝日ときているから、若き教員官吏の好球家連が三々五々と杖を引いて集まってくる。中には五年ないし十年前に中学で腕を振った古武士《ふるつわもの》もチヤホヤ見受けた。彼らの胸中さだめて懐旧の感にたえぬであろう。あるいはまた皮肉の嘆《たん》にたえぬもあろう。

いよいよすべての準備ができた。二、三のノックがあった。後でようやく両軍選手が入り乱れて球受けの練習に見物の目をひいたりして、十時頃になって一中の攻勢で和田審判官「レデー、プレイボール」の下に拍手の中に戦いは開かれた。今やあまたの観衆は優劣いかんとP(ピッチャー)、C(キャッチャー)、バッターの投受打球に一心に注目しているところ、無残、一中の攻撃はもろくも三人とも枕を並べて討死。一点の得ることなくして守勢に転じた。

今度は二中の攻撃。守備で敵をなで斬りにした衝天の意気で一人一人打球者に出たが、いかにもよく打ち、よく攻めて一回に三点を得た。この攻守一回ずつの戦闘ぶりでほとんど両軍の勝敗が決まった感がしたのは惜しかった。

二回目での一中の攻撃はやや優勢で三点を得て少しく味方の見物を喜ばした。しかるに守勢に移るや不運にも失敗続出し、ゴロを逃がしフライを受け損じて、いたずらに敵に好機を与え、あたかも空塁を占領されるような観あらしめて、確か十二、三の大得点を奪われたのは、返す返すも一中のために悲しかった。

これから後は互いに一得一失であるいは一点あるいは二、三点を得て、回を重ねるうちに天は両戦士の健闘を憫《あわれ》まずして雨を下し、和田審判また全身濡れねずみとなりて七回の中頃にいたりしが、雨いよいよ強くいたりて、この健児の競技を妨げたので、やむなく休戦を告ぐにいたった。しかるに暫時《ざんじ》にして雨勢また衰えたので、決勝すべく再戦を続行した。

八回を終えて九回目の一中の攻撃まででゲームセットとなり、二中の攻撃を残して二十九対二十一で八点の差でついに一中が敗れた。三回から後は一中もよく防ぎよく攻めたがすでに二回目の大敗で致命傷を受けたのだから、とても回復は不可能であった。

一中の宮城、二中の屋部・照喜名・両玉城のごときは選手中の好バッター、好ランナーである。かなり全選手の概評をこころみ、あわせて注文したいが、あまりに長くなるからやめておく。要するに今度の対戦でみると攻守とも十と八か、ないしは十と八分五厘の差はあろうと思った。両軍ともますます研究・努力あれ。（好球生）

（『琉球新報』一九一五［大正四］年二月一五日）

＊紀元節——二月一一日の神武天皇の即位日を記念する祝日。

名前◉狂雀　一九一五［大正四］年二月一六日［火］

一中対二中の野球試合はほんとに素晴らしいものでした。雨中を犯して戦う戦士ら諸君の勇姿は実に勇ましいもんでした。私はビッショリ雨に濡れながら轟《とどろ》く胸を押さえてこの勝負いかんと待ちかねたところ、ついに二中軍のめでたく勝利となった。

レンタサイクルのアイディア

名前◉愛輪生　一九一五［大正四］年三月二四日［水］

我が嘉手納に自転車の貸車営業をなされたら、たぶん大当たりをするはずですが、自転車屋の主人様、開業なされてはどうで。

夕焼けをジット見つめる

名前◉星玉　一九一五［大正四］年三月二九日［月］

兄弟のない私は今宵も庭の若草の上に、真っ赤な夕焼けをジット見つめて立った。思い浮かぶは懐かしい春子姉さまと夏の月の晩、小鳩のように歌いつつ話しつつ、たわむれたことである。私はいつまでもここに立っていたい。しかし無情な闇は許さなかった。夕焼けはしだいにうすーく闇のカーテンに蔽《おお》われた。

暖かい小春日和

名前◉星玉　一九一五［大正四］年四月六日［火］

暖かい小春日和となった。日が縁側に一ぱい射して猫が日向ぼっこをしている。今朝水をかけてやったカンナから時々、ポテリポテリと雫が落ちる。

ベートーベンが思い出される

名前◉翠波生　一九一五［大正四］年四月六日［火］

澄み切った月が水のように蒼《あお》白く路《みち》を照らして、薄寒い春の夜風がフート身に沁《し》む。ションボリと一人立って月を仰いでいると、不朽の名声が幽《かす》かに洩らした。ベートーベンの悲しい月光の曲が思い出される。

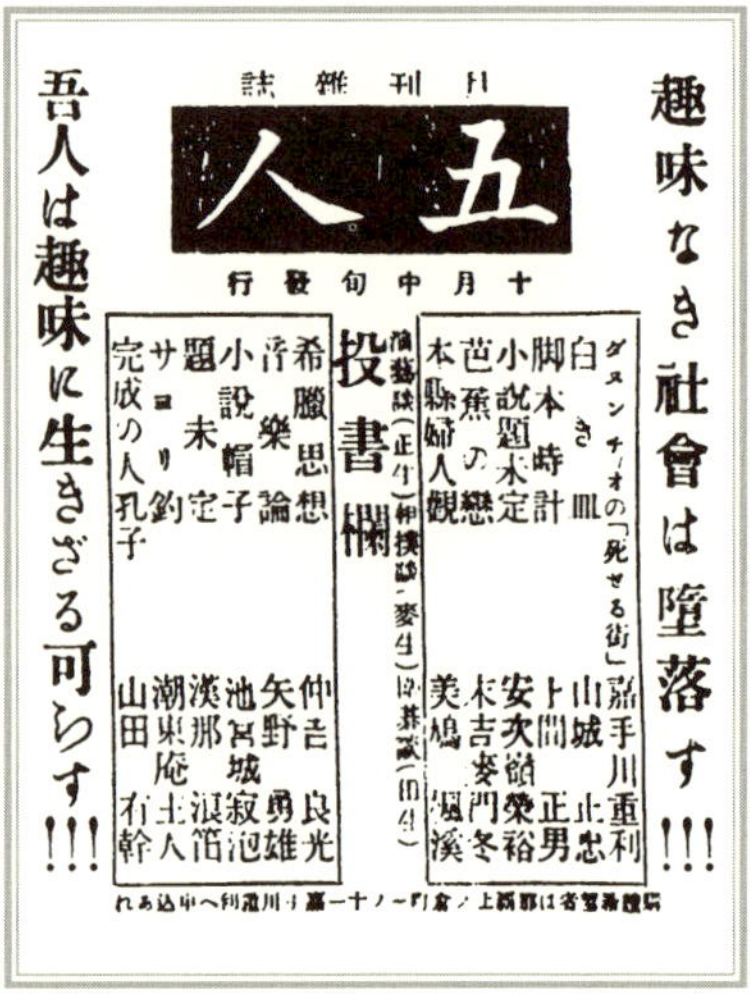

［沖縄県立図書館蔵］

観たい映画のリクエスト

名前◉帝国館贔屓　一九一五［大正四］年四月一七日［土］

帝国館の宮下君、どうだい。去年の夏頃喝采を得た日本物の探偵劇「ジゴマ」［*］のようなものを今でもまた取りよせたら大受けであろう。一つ交渉してみてはどうだ。大受けであることはあらかじめ僕が保証する。

＊ジゴマ――フランスのレオ・サジー作の探偵小説。神出鬼没の覆面の怪盗で、一九一一（明治四四）年に映画化され、日本でも大ヒット。これに続いて「女ジゴマ」や「ジゴマ後編」も上映され、「日本ジゴマ」（一九一二年）など和製の「ジゴマもの」が数々作られ、好評を博した。

兄さんが帰ってきた

名前◉上生　一九一五［大正四］年四月一八日［日］

ある晩、職務の最中。「オーイ上君、□に玄関から人が面会」という呼び声に接し、襷《たすき》を取り外し首肯《うなづ》きながらかけて行って小使室《こづかいべや》の暗い所からのぞいてみれば、コハそも如何に三年前より遠い山原に行っていた、まさしく我が兄だ。双方微笑を交わしながら会うと、兄も大分大人しくなっていた。互いに久しぶりを語りつつ、内に帰る道すがら、兄が旅話を聞かされた時の僕の愉快は、実に新春の蝶《ちょう》心《こころ》であった。

デイゴに新名称

名前◉ミルクユガフ　一九一五［大正四］年四月二一日［水］

今や帝都や京阪では花王と称《とな》えられる桜満開。しかしこの人は花に浮かれているであろう。我が沖縄では桜に負けん梯梧《でいご》の花が満開している。僕は梯梧のことを「琉球桜」と名づける。

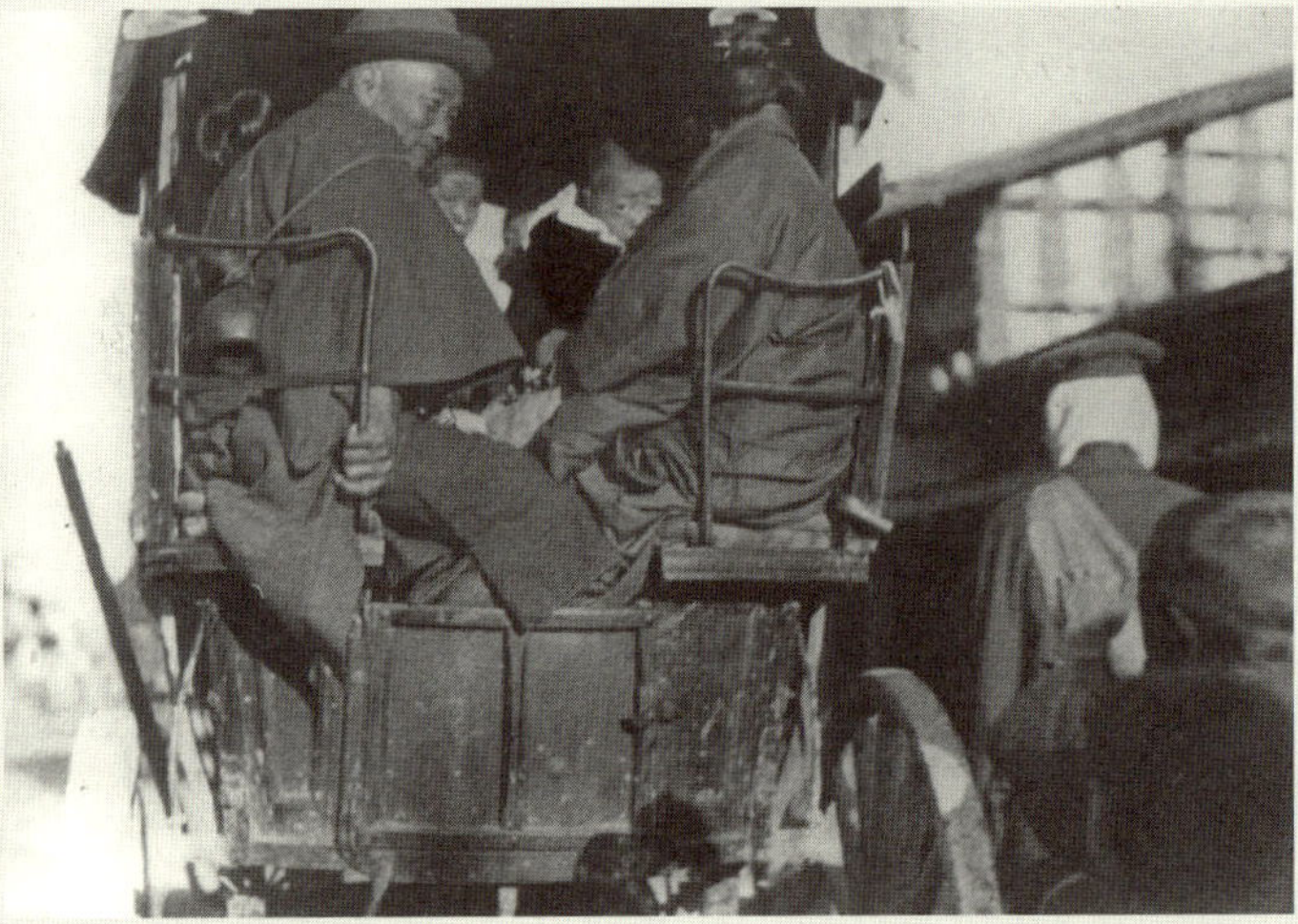

●那覇の交通、客馬車の後部[那覇市歴史博物館蔵]

9

笑い話・珍事件

大正時代の『琉球新報』には、「公器」たる新聞紙上に掲載してもいいのか、と思うような「怪文書」が当たり前のように公開されている。「妙な男よりの通信」と題する記事（『琉球新報』一九一二〔大正一〕年一〇月一一日）は「兄キ懐かしいなァ、兄キの変てこな顔に思う存分キッスしてみたい」の一節から始まる怪しい私信（おそらく記者の関係者か）であるが、この公開私信に対して投書欄では「面白い。もっと見たい」と絶賛の声も寄せられるのがシュールな光景である。「妙な男」からの第二信は記事として扱う価値がないと判断したのか、投書欄に格下げされている。

この他、笑い話には街頭の猛犬とステッキで格闘する男の投書や、少女との知恵くらべで一本とられた呉服屋の話、インド人の来沖で物珍しさに宿舎付近に殺到する人々の話など、百年前の愉快な光景が繰り広げられている。

「沖縄学の父」として知られる伊波普猷宅に立ち小便をやらかした話もなかなか味わい深い。この後、伊波文学士はどのような顔をして後始末をしたのか想像してしまう。

禁酒広告を掲載し、その決意のほどを表明するのも酒飲みの多い沖縄ならではというべきか。禁酒を宣言したこの二人は、どのような経緯で共同で広告を掲載するにいたったのか、興味は尽きない。また同姓同名の者が迷惑をしていると投書するオチも付いているから傑作である。

妙な男よりの通信

兄キ懐かしいなァ、兄キの変てこな顔に思う存分キッスしてみたい。今頃どんなにしておられるのだろう？　僕か、僕は燗徳利《かんどくり》［＊］を前にして美しい山の神のお酌で大いにやってます。兄キうらやましいでしょう。

アア、しかし兄キ、この前のお手紙なァ、僕実際何十度読んだからしれぬ。大いにありがたく感謝すると言っておきます。しかし、イヤ実にけしからん、この禁酒・禁煙の我輩に向かって「あなたは酒ばかり喰って用もなき他人の家をめぐっておる先生うんぬん」とはシ、シ、失敬な。もし左様のうわさを聞いたら堪忍してください。以後改心いたしますから。

今日ははなはだ淋しいな、那覇におる人間らの顔がすべて僕の前に顕《あら》われてる気がする。ことに兄キの勝手のわからぬマヅイ顔が懐かしくてたまらぬ。アア、やまんぬるかなぢゃ。僕は例の分け髪で口髭をのばしている。そして以前の通り好男子の標本アツアツ。

もう眠くなったからこれでやめましょう。八幡小僧は引越したそうですね、会ったらよろしくエル。

ヲイ、兄キは今でも大食を誇っていますか、相変わらず支那ソバ四杯……（芋助宛て）

（『琉球新報』一九一二［大正元］年一〇月一一日）

＊燗徳利——酒の燗をするとっくり。

→返信

名前●台湾芋波生　一九一二［大正一］年一〇月一四日［月］

芋助先生、過日の紙上、妙な男よりの通信文、実に実に興味深い書き振りです。私は読み返し読み返して何度読んだか限りはわかりません。もっと通信ありましたら読々（続々か）記載してほしい。

名前●在本部妙な男　一九一二［大正一］年一〇月一九日［土］

またもや妙な男よりの通信（編集部注記）

十三日朝八時

　いたずらも程がある。昨日来た新聞に「妙な男よりの通信」とは一体何だ、新聞材料がなければ「オイ何かないか」と言えばいくらでも提供する□、まァおかしいことぢゃ、兄キ、いたずらなど以後およしなさいよ。

　それから悪筆の御手紙は確かに読んだ。少なくとも七、八回はひろげた。美しい山の神は傍から「あなたの友人にこんなに下手な字書く人があって？」と言うから「ウン、字どころでない。この人は顔からそもそもなっちょらん」と言ってやった。

　兄キしかし懐かしいな、翼があれば飛んで行きたい気が起こる。今日は日曜日だ。兄キなどはどうせ白川夜舟《しらかわよふね》［＊］の真っ最中だろう、もう九時だから。僕はこれから渡久地《とぐち》という本部《もとぶ》の大都会へ行きます。兄キこの手紙が着いたら早速何とか返事をよこしてください。懐かしくてたまらないから、僕も二日に一回は必ず手紙をあげます。終わりに八幡小僧、加那チー小《ぐわー》、南陽館の寂しき人諸君によろしく。

　なおなお兄キ、私の眼鏡が破壊《われ》て困っていますから御奮発を願う。

＊白川夜舟——熟睡していて何も知らないこと。何も気がつかないほどよく寝入っているさま。

猛犬と壮絶バトル

名前◉犬狩生　一九一三［大正二］年一〇月二三日［水］

過日、裁判所の前で十四、五くらいの子供が悲鳴をあげて三匹の犬に追っかけられて、刹那《せつな》、通りかかった僕はコハ一大事と駆けつけ、幸い携帯しステッキで犬の背中を目がけて打ちすえたから、さすがの猛犬も少しは躊《ちゆう》躇《ちよ》するかと思いのほか、揃いも揃った三匹の猛犬、牙を喰いしばって猛進し来る奴を、「おのれ畜生サア来い」とステッキを振り上げて片っ端からポカポカ喰らわしたので三匹とも逃げてしまった。

聞けば猛犬は三匹ともこの近所のもの。アンナ犬は犬そのものの本職たる夜間泥棒の守備は忘却して、いたずらに通行人に妨害を及ぼすにすぎないから容赦なく殺した方が主人のため社会のためであろう。

少女との知恵くらべ

名前◉目撃生　一九一三［大正二］年一〇月二六日［土］

呉服屋の前に近所の人らしき少女が遊び居たので、店先にある友仙染の縮緬《ちりめん》の三十匹ばかり程あるを見て、いかにも欲しそうに見ているのを呉服屋の番頭がたわむれに、「嬢ちゃん、その縮緬を残らず一人で持ち帰るなら、みんなあなたにあげますよ」

と言いしに、少女はさらばと言いながらただちに一匹の縮緬を解きて長く広げ、その上に残らず載せてズルズル出したので番頭は大いに驚き、そのことを主人公に語りければ、主人公大いにあやまり閉口して頭を畳に付けて、ようやくその難をのがれたることは、芝居の狂言にでも出してみたいもんだ。

文章下手な交際家

名前◉凹坊　一九一三［大正二］年二月二三日［日］

僕は交際家だ。しかも通信が大好き、ところが文章が下手。葉書を一枚出すに書き損ずること、多き時は五枚。少なき時といえども二枚を超ゆ。

現今の書き損じ高、優に百二十三（枚）。価格に見積もれば一円八十四銭五厘。僕のごとき赤貧者にとっては大金だって。これが利用法に腐心すること多々。

満天下の同情心に富める諸彦《しょげん》よ！　あの切手を切り抜き使用すること得るや？　お教えを願う。

拾った手紙、大公開

名前◉天人　一九一三［大正二］年五月二〇日［火］

「前略、ごめんください。昨年は頭痛致し、あまつさえ下痢をもよおし、御見舞いにも上がりえず失礼いたしました。病気のことですから悪しからず思し召しください。十日付のお手紙も受け取りました。私は決して悲観はいたしません。たとえ貴方が合格なされ彼地に行かれても貞操《みさお》を乱すようなことはしません。左様ご安心なさいね」云々……

……と落とし文を拾ったまま。

キャット叫んで逃げた猫

名前◉ノスビト　一九一四［大正三］年二月二三日［日］

僕は昨日、友人の宅より帰途中、ステッキで石垣の上に鳴いていた大きな猫をなぐってやったら、猫はキャット叫んで逃げ出した。

僕は罪のない猫をなぐって後から何となく心持ちの悪かったが、それでも足を引きずり引きずり我が家に着いた時、ヤハリ大きな猫二匹が奇声を放ちて門の石垣の上で鳴いているので、僕の神経はさっきなぐった猫の怨声のごとく聞こえて気味が悪かったこと。

そこで僕は急いで家の内に入り布団の中にもぐりこんでしまった。

「沖縄学の父」宅に立ち小便

名前◉香雪生　一九一四［大正三］年六月一日［月］

どこの馬の骨か知らねど一杯かたむけたと見えて、石門通りから森の後の文学士・伊波先生［＊］宅へ通りかかったら何思いけん、文学士宅の門の真ん中にジャジャと小便をやっ

◉図書館長時代の伊波普猷／大正1年
［那覇市歴史博物館蔵］

ていた。いざ我輩のゲンコツをお見舞い申さんとせしかど、何にしろ向こうは二、三人であるから黙って通りすぎた。それらは大工らしきものだった。

＊伊波先生――伊波普猷《いはふゆう》（一八七六―一九四七）。「沖縄学の父」と称される先駆的な沖縄研究者。東京帝国大学を卒業し、沖縄県立図書館長をつとめ、当時も伊波文学士としてその名が知られていた。

オシャレな式部様

名前◉前之毛三郎　一九一四［大正三］年六月四日［木］

久茂地××会社へ通う式部様は、薄給の身でありながら会社へ出るにも帰るにも人力車、身には白粉《おしろい》・香油・香水の匂いぷんぷんとして香ばしく、足には何とか言う下駄をはき、すがたは婦人世界の口絵にある名家の令嬢みたようである。

電車賃を借りたけど

名前◉蕎麦喰の朝臣　一九一四［大正三］年六月五日［金］

Y君、先日は失敬しました。君から借りた電車賃は空腹《ひだる》さのあまり、支那蕎麦屋（沖縄そば屋）に入って一杯失敬したため、首里までわざわざ膝栗毛《ひざくりげ》（徒歩のこと）をきめてしまった。電車がガーッと僕を追い越して通った時にはさすがに恥ずかしかった。

禁酒広告

●●● 今後禁酒

大正三年七月二〇日
大城徳助
新城松助

（『琉球新報』一九一四［大正三］年七月二五日）

名前◉兼城の大城徳助　一九一四［大正三］年八月三日［月］

去月二十五日の本紙上に大城徳助・新城松助とおっしゃる方々の禁酒広告をご覧になり、大城徳助とは拙者のことと誤認なさるる方もこれあるべしと存じ申し候《そうろう》。しかるに禁酒広告の大城徳助なる御方、拙者とは同姓同名にこそあれ、まったくの別人なることを告白いたし候なり。

美人画を壁にベタベタ

名前◉桃太郎　一九一四［大正三］年八月九日［日］

日曜日が慰安日だといって全一日寝通しているわけにもいかない。九時頃からソロソロ起き出した。さて起きてはみたものの、これという仕事もなく、小人閑居して不善をなす

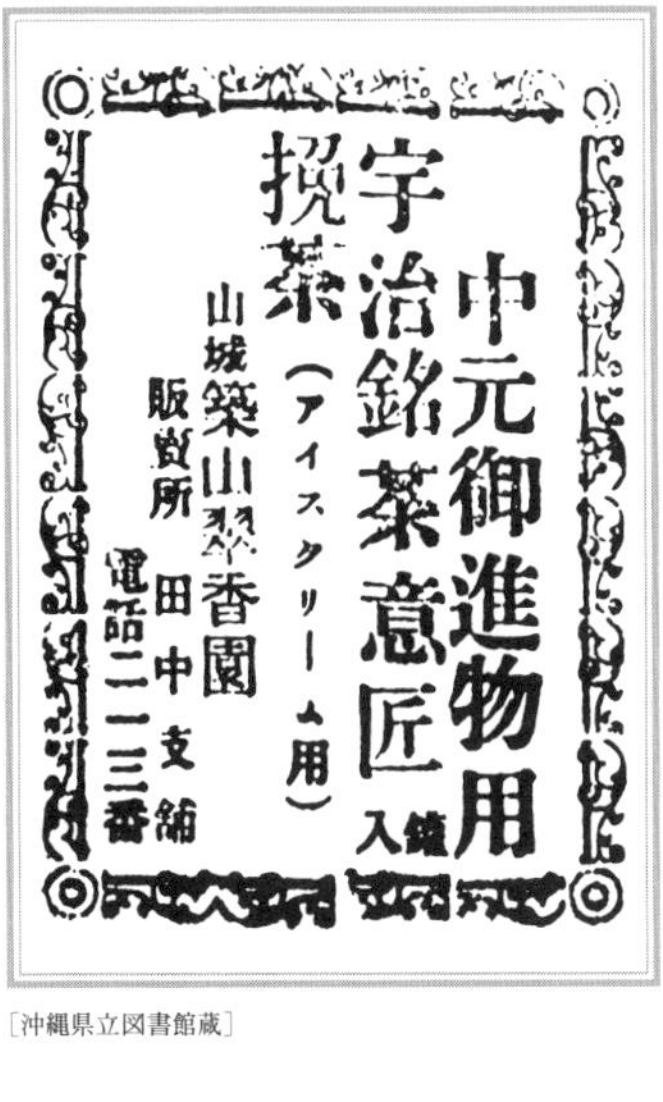

［沖縄県立図書館蔵］

という古語を思い出したので、三郎君を招いて例の笊碁《ざるご》[*]を囲んだ。

三郎公いつのまに上達したのか、なかなか勝負も定まらず今は両方討ちつ討たれつ、しのぎを削るの真っ最中。ちょうど今度中学に入った従弟《いとこ》がひょう然として来て、ひとりで何だかガサガサしていたが、またひょう然として去るもようだったのはおぼろげに覚えていたが、何分ここは生き死にかかる瀬戸際なれば、彼がやって来た理由など聞く余裕もなくそのまま忘れていた。

やがて碁も引き分けとなり客も帰ったので今までのニジばんだ汗を拭きつつ彼方の壁間を見れば、これはシタリ、いつのまにやら今までの古新聞ベタベタと壁に出たワ出たワ、たくさんの絵画。私はかつ喜び、かつ驚いた。

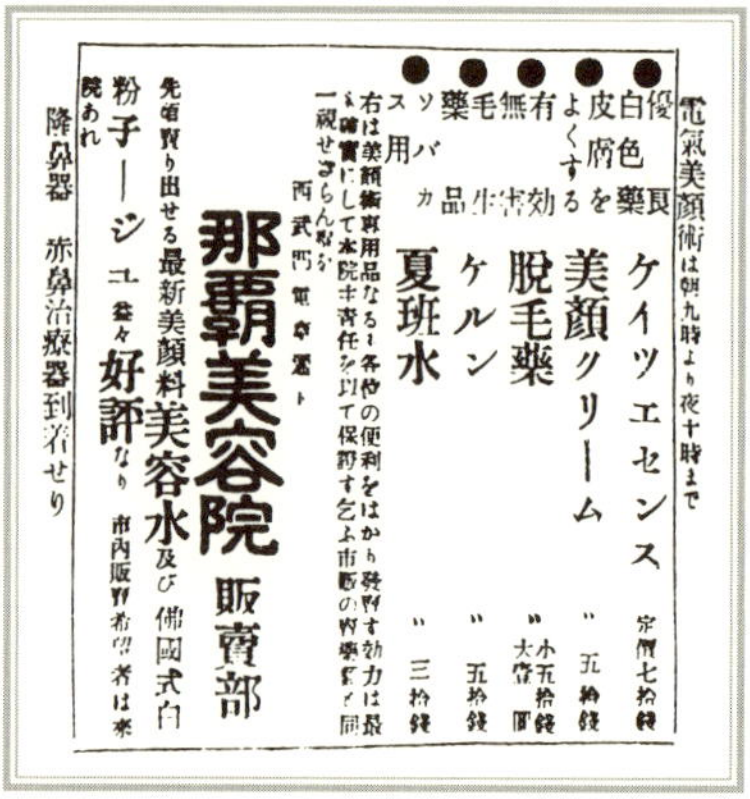

[沖縄県立図書館蔵]

ことにそれが皆ウーマンの姿ばかりなるので、たまらなく嬉しかった。立ちたるは月をもって配合し、座したるは微笑をもって嬌姿を増さしめなるは、嬋娟《せんしょう》[*]として盛装せる、あるいは平常着姿にかえって優美を示す千姿《せんし》万態《ばんたい》[*]にして、しかも一として人の心をそそるような媚をもたないのはないので、いつしか今までの汗さえヒヤリと忘れ、今はただ夢心地にひとり恍惚として春の色を我が物顔にながめるのであった。

*笊碁——へたな人の打つ碁。
*嬋娼——美しい娼妓。
*千姿万態——いろいろの違った姿や形。

インド人にびっくり

名前●通堂カマド生　一九一四［大正三］年八月一四日［金］

本県人ほど物珍しがるのはない。それは一昨日、通堂大正館内へインド人五、六人宿泊していると、近所の老幼男女を問わず通行人までが寄ってたかってガヤガヤ見物していた。

僕の失敗談

名前●白波　一九一五［大正四］年四月一一日［日］

僕の失敗談を紹介します。今朝四時頃、変装して知り合いの家に這入《はい》り、何か取ろうとしたら皆が目を覚めて失敗。

尺八を食う？

名前●赤貧小僧　一九一五［大正四］年四月一三日［火］

僕が金沢にいた時、盆祭りの際、甘蔗（サトウキビ）を食べるの見て、唯順君は尺《しゃく》八を食うというて異様な目をして見ていた。

●那覇郵便局[那覇市歴史博物館蔵]

10

不満・苦悩・悲哀

他愛もない投書のなかに、シリアスな悩みを吐露する者たちもいる。生きる意味を問う青年たちの主張のなかにはマンネリの日常に「悩みがないのが悩み」と述べる者もいるが、目立つのは貧しさと生活難に苦しむ若者の姿である。家庭の事情から学業を途中であきらめ、職を転々とし、日々の労働に疲弊していく様子が投書欄で赤裸々につづられている。

とくに注目すべきは常連投書者の一人であった「前之毛三郎生」という人物である（詳しくは「あとがき」で後述）。百年前の「ワーキングプア」青年の足跡を追うことができる貴重な事例である。おそらく日々の新聞への投書は、彼の心の慰めになっていたにちがいない。ちなみに一九一五（大正四）年度の県立二中の卒業生は入学者の三〇パーセント弱ほどで、退学理由は家事退学や、病気退学が大半を占めた（『那覇市史　通史篇2』）。「前之毛三郎生」も、こうした退学者の一人だったと考えられる。

彼らのなかには世の中の不公平に諦観する者もいるが、一縷の望みを未来に託そうと訴える者もいる。彼らはその後、どのような人生を歩んだのだろうか。

何かもの足りない

名前◉那覇商船組の人　一九一二［大正一］年八月一九日［月］

桟橋に立ちて

ああ、もう夜が暮れた。こう思うと何だか頼りないような心地になって、僕は桟橋に立って、そして泣いて泣いて泣きはらした。瞳《まぶた》のような星を見ながらどこともなく眼をやった。

もし誰かが見たら、血潮の燃ゆる青春の男子だもの、きっと心の底に隠れたものをこうであろうなどと想像されるであろうけど、僕のヒトミは決してアコガレを語っておりますまい。何ということなしに淋しいあるものを語りおるのでしょう。僕は充分考えましたけれども、ドーしても自分の思いがわからないのです。

親類も兄弟も友人もあります。何だか淋しいのです。欲しい物は皆求められますけれど物足りない、何ものかが僕の心を始終針で突くようにおびやかしております。こうして星をジート見ているとあの星は隣の星と何か囁《ささや》き合っているのでも僕はそれで訊《き》きたいような、もし聞くことができたら、あるいは僕の物足りなく思うものがわかるかもしらん。

誰かがあれを訊いてくれる人はないでしょう？　私はこうして毎日桟橋に立っているのです。ああ……

［沖縄県立図書館蔵］

何のために生まれたのか

名前◉浦生　一九一二[大正一]年八月二九日[木]

順仙君、全体僕は何のために生まれたのだろう。君はわからんか。虚偽の生活をするためだろうか、また泣くためだろうか、いいえ。虚偽の生活をするためでもなく、泣くためでもないと思う。

ああ、僕は文学に囚われたのだ。何の涙とも知らずハラハラとこぼれる。順仙君、僕は涙に囚われたのだ。人は眼球をうるおすより余計に涙は出ないものならどんなにいいのだろう。今さら涙を作ってくださった神様が恨めしい。

ああ、僕はなぜ文学が好きになったのだろう。なぜ僕は男子《おとこ》らしくないだろう。ああ、僕は女々しい。人並みの男子になりたい。順仙君のように。とにかく順仙君は強い、僕は弱い。

なお文学に関する書籍雑誌が欲しい。よい先生に習いたい。閨秀《けいしゅう》[*]作家のように小説でも思う存分に書いてみたい。自分の思う通り自由自在、筆を表わせるようになりたい。

しかしやめよう。文学なんか習って何もなりやしない。順仙君、山奥に行ってキコリでもしようかろう。

*閨秀――学問・芸術にすぐれた女性。才能豊かな婦人。

運命の神よ、前途に光明を

名前◉昇月　一九一四[大正三]年三月三〇日[月]

回顧すれば、余が小学の門を出でてすでに

七年前の本月、その小学にあるの時代は大々的抱負をいだきおりしも、運命の神に棄てられたる我が家庭は突然にも悲運の渦中に投じられて、かねての宿望を果たすの絶対的不可能たるに至らしむ。

ここにおいてか涙を呑んで学を断念し実務に就くや、悲運児たるの身はもろくも失敗に終わり、ひいては目下、活社会に勇飛すべき絶好期たるもひたすら一商舗の隅に坐し、他人の指命に盲従し朝夕機械的に活動するのやむをえざるこそ、実に遺憾にたえざるなり。

ああ運命の神よ、余が前途に光明を与えたまえ。

［沖縄県立博物館・美術館蔵］

百年前のワーキングプア

名前●前之毛三郎生　一九一四［大正三］年五月一八日［月］

余が敬愛する青年諸君よ、実に楽しき時季《とき》は学生時代なり。学生時代ほど愉快かつ楽しき時代は一生涯通じてなきと思う。学生時代は何の心配もなく何事も思わず、ただ父母の膝下《しっか》［＊］にありて学資を給せられて学校を通うばかり。

首《こうべ》をめぐらせば早や、ふたとせとなった。光陰の脚は流るる水よりも早い。思い出せば一昨年の花も咲きにおう春のなかば、家計の都合によりて親しき友垣《ともがき》と別れ、懐かしき思い出多き学校を振り捨ててしまった。

余《わたくし》はこの退学で一生の光明も消え失せ、焔《ほのお》のごとき余の希望も葬り去った。その時は胸

◉沖縄電気株式会社、重油機関発電所（1935年頃）［那覇市歴史博物館蔵］

もはりさけるようで一、二ヶ月の間は毎日鬱々として楽しまなかった。しかし自己《おのれ》の希望は波濤《なみ》のために奪い流されしにせよ、余が前途は遼遠である。

いたずらにタイムを費やすは余の損害ばかりでなく、家庭《いえ》の損である。大しては国家的不経済になると自覚したので、自己の運命は自己で開拓せようと漂浪の結果は、最初、区役所という官衙《かんが》［＊］の臨時筆耕。さてその次は豊見城の臨時生。わずか二日が御免こうむり、県庁もやはり二十有日でご用済み。めぐりめぐって電気会社［＊］に技術見習い。炎天焼くがごとき日にも、寒気肌を刺すような冬の晨《あさ》にも、発電機の回るように奮闘しつつある。

ああ、家に帰れば身は綿のごとく疲労して

すぐ高いいびき。機械のごとく奮闘しても財政は不如意《ふにょい》[*]がち。ああ、うらやましきは学生諸君である。

*膝下——ひざもと。自己を保護してくれる人のもと。
*官衙——役所。
*電気会社——沖縄電気株式会社。
*不如意——経済的に苦しいこと。思い通りにならないこと。

名前◉前之毛三郎生　一九一四[大正三]年六月一九日[金]

まかり出で候《そうらい》しは、毎日諸君の目に影している電気会社の電工でござる。世間の人々、我々を指さしてヒンガー[*]と称す。なぜ我々にそういう名称を授与したのであろう。余、思うに洋服に電線のコールター付着して真っ黒なよごれた服を着けているから、そういうことを与えたのであろう。実際ヒンガーでござる。

きれいな洋服を着るとそれこそ大変、終日のうちに黒くなってしまう。高襟《たかえり》になろうと思うても職業柄が許さない。世には親のスネをかじり立派な衣服を着て得々然として威張るものが少なくない。かかる輩よりは我々が上だ。

*ヒンガー——沖縄方言で「あかで汚れた者」のこと。

名前◉前之毛三郎生　一九一四[大正三]年六月二一日[日]

我ら青年は暴飲暴食を慎み、身体の健康をはかろうではありませぬか。健全なる精神は健全なる肉体に宿るということもありますから。

名前●前之毛三郎生　一九一四[大正三]年六月二七日[土]

ああ、浮世はさまざまなるかな。世にはもったいなくも祖先伝来の財産を食うて、日夜悠々として貴重な光陰を紅灯緑酒《こうとうりょくしゅ》[*]の間に耽溺《たんでき》[*]し、美妓《びぎ》を擁《よう》して、やれ昼は公園地、晩は波之毛と愉快に栄華の夢をたどる果報者もいれば、また昨日今日の蒸すがごとき炎天にも負けず、一荷一銭の水売りをやって姑《しゅうと》をはじめ一男二女児の五人の糊口《ここう》[*]を女のかよわき細き腕一つで芋汁にあまんじて、朝夕細き煙を立てて暮らす可憐女もある。ああ、浮世はさまざまなるかな。

*紅灯緑酒——繁華街の華やかなともしびと美酒。
*耽溺——一つのことに夢中になって、他を顧みないこと。
*糊口——ほそぼそと暮らしを立てること。生計。

→返信

名前●紙商人　一九一四[大正三]年六月二九日[月]

前之毛三郎君、他人の誹謗《そしり》は耳に入れずになお一層のこと奮発なしたまえ。君が竹馬時代より今までの経歴事情は僕が委細に承知している。

今世《いま》、電工に落ちぶれ夏至の災天にも厭わず東奔西走、事業に努力するのも第一、家事の境遇のいたすところと僕にしては推察する。二、三年前に比較すればチト逆境の方面だからな。いや、知る人ぞ知る家事に付きての門外漢の言語は馬耳東風にして、今後粉骨砕身の努力が肝要だ。

→返信

名前◉西乃前の心賢生　一九一四［大正三］年七月四日［土］

前之毛の三郎生君にうかがいます。人生同じく生をこの世にうけ同じく天賦の職を与えられながら、贅沢《ぜいたく》なるものはあくまでも贅沢に、薄命なるものはあくまでも薄命に、富めるものはあくまでも富み、貧しきものはあくまでも貧しく、同じく人間で同じ能力を備えながら、それかくのごとき甚《はなは》だしき懸隔《けんかく》と甚だしき階級があるのは、そもそも神の不公平であろうか。はたまた人各々の罪によるのであろうか。

［沖縄県立博物館・美術館蔵］

悩みがないのが悩み

名前◉小菊子　一九一四［大正三］年七月一日［水］

この頃の私には煩悶が少しもない。また苦痛などはなおさらない。しかして、もちろん努力せようなんてはちょっとも思わぬ。ただ朝お決まりの勤め所に行って毎日同じことを繰り返し、時には居眠りなどをしてお目玉を頂戴することもあり、また弁当を食うことが仕事のようだ。そして帰ってぼんやりとしてまるで頭の中は空虚だー。

生活の倦憊《けんぱい》［*］とでもいうのだろうか。何しろ平凡きわまりている。それでも時には「何ゆえ生まれてきたんだろうか」などという感が湧くこともある。しかし真実にかくのごとき問題に頭をひねったことはないが、我々はまだ前途が遼遠であるということを考えると、痛切に生の価値を認めざるをえない。

＊倦憊――物事にあきて疲れること。

近頃、沈うつがち

名前◉紙商人　一九一四［大正三］年七月五日［日］

この紙商人生は近頃よほど沈うつがちになってきました。無駄に煩悶苦悩して日暮らしている。別段、贅沢三昧の欲望を果たさんがためでもなければ、また恋愛の欲心としてはなおさらちっとも念頭に置いておらん。

しからば、いかなる故かと問えばこうだ。僕においてはいつかは店員奉公の職務をば立派に終了し、独立自営、骨ある事業を選定し、大いに自己の技量を発揮し、奮闘努力してみたい。望みあるがゆえだ。

遊びに遊んでみたら

名前◉松田竹馬生　一九一四［大正三］年七月八日［水］

貧苦にせめられて自暴自棄するは社会の弱虫である。金は天下のめぐりもので乞食にもある。もちろん我輩にも多少ある。あるだけを食い尽くしたら牛になるか馬になるか、まず試してみようと思うて、恋道楽もずいぶん臭いところに漕ぎついてみた。また酒にも溺れてみたが、両方とも美しい果実は結ばなかったから、今度は酒をやめてみたら、金の捨てどころの遊廓に行っても経済思想は離れず、娼妓の情けも馬鹿に高価に思わる。

しかし、かれこれやめてしまえば何だか社

会より一歩退いたような感がして、楽しみも半減半消された心地がする。でも娯楽そのものは、やりよう一つで釣り道楽も面白いが、我輩は食い道楽に趣味を置いている。納涼がてら波の上に杖を曳《ひ》けば、あつらえ向きに出来たビヤホールも氷屋もある。このところは娼妓のように余計な勘定はやらぬから、払い心地もよければ未練も残らない。酒色は身を毒し、精神を腐敗さするから我輩は嫌だ。

名前◉松田竹馬生　一九一四［大正三］年七月一五日［水］

人間の命は限りがある。百才を望まれぬ人の身にありながら、世間の花見にも月見にも出でず、ただ自己《おのれ》は金見《かねみ》が無上に快楽なりと思う守銭奴がいる。かくのごとき人はただ金は宝なりと人が言う、だからおのれもまた宝とせるにすぎない。金そのものはあって宝ではない、使って初めて宝ではないか。あって使わざれば金庫に瓦石を蔵して金と思えばそれで結構だ。

一銭、二銭の豆腐代もふんどしに包み隠して、いざという場合も容易にヒモをゆるめず、積んで貯えて人を見るごとに盗賊と思うがごとき不安心の世を送るは、無残の天罰ぞ。実に哀れまざるべけんやだ。かく日夜恐怖病に襲われて苦労するよりは、むしろ(百)四十七銀行の金庫番を務めたほうが安心で愉快で長生きをする。

しかし我輩は読者諸君とともに、盛んに活躍し奮闘して大いに儲けて大いに食って、この波荒き浮世をうまく渡ってみましょうや。

神仏にご利益なし

名前●西の前の前垂子　一九一四［大正三］年七月二〇日［月］

丁稚《でっち》小僧の前垂子も子爵家の若様も、湯屋の三助も料理屋の久助も同じく万物の霊長であるから呆れかえる。神さま仏さまも別ないもの。同じ万物の霊長ならすべて公平に造ってもらうのが当然である。古語に「悪人盛《さかん》なれば神も祟らず」というが、神さま仏さまを崇めてもさらに何らのご利益もないではないか。

ああ、我が県下の貧民諸子よ、いたずらにかなわぬ時の神頼みとあたら［＊］貴重の光陰を費やさずとも、両の腕の続くかぎり悲雨惨風吹きすさぶ、世路の渦中に奮闘せよ。祈らずとても巨万の富は手をくつがえすよりも易《やす》く得らるであろう。

＊あたら――可惜。残念なことに。

私は寄生虫、奴隷なり

名前●於石門―昇月生　一九一四［大正三］年七月二二日［水］

我が親愛なる山太君

余はつくづくと奴隷的生活の苦痛を感ず……余もひとしく社会の一員ならんにその実、しからざるの観なきにあらず。すなわち他人に付随して寄生虫的生を受けつつあればなり。実にふがいなきにあらずや。公に与えられたる自由の権利も、私においては有名無実なり。常に自由は束縛せらる。ああ、これ当然来るべき運命なりしか……

親愛なる兄《けい》よ、面《おもて》に笑みを浮かべ裏面《うち》に悲

哀の涙をそそぐ、余の胸底を兄のほか誰が知る者ぞある……余の状況はむろん一匹の寄生虫なり。他人に絶対的服従を要すべき一個の奴隷なり。これ、まことに痛嘆《つうたん》[*]にたえざるなり。

余ら青年の前途はなお遼遠なり――とはいえ、はたして理想の光明を認めうるの幸運に接するや。刻々と時運は進展し、世情は転換しつつあるの今日、いたずらに事物に拘泥《こうでい》[*]して現下の境遇に甘んぜんか、ついに精神的滅亡者たるのゆえんをもって活社会の擯斥《ひんせき》[*]を受くる、また必然のことなり……親愛なる山太君――足下もこれを苦悶に悩みつつあるならん。乞う、兄よ。自己将来のため、あまねく社会のため、はた国家のため自覚せよ。努力あれ。

＊痛嘆――ひどく嘆き悲しむこと。
＊拘泥――こだわること。
＊擯斥――しりぞけること。

ヤケになってはいけません

名前●宮古宿生　一九一四[大正三]年七月三〇日[木]

私は不断、そう思うのです。人間はどんなことがあろうとも決して自棄《やけ》を起こすものじゃありません。世知辛《せちがら》い世の中ですもの、五十年、七十年間にはずいぶん憂《う》いごと、つらいこと、たまには死にたいくらいほどくやしいこともあります。

「意地の悪い天道さま、自分一人を継子《ままこ》になさって、ああいやだ、いやだ」言って舌でも喰い切るか、淵川《ふちかわ》へでも身を投げてしまおうと、こう思うこともあるのです。でもこのところが人間一生浮沈のわかれ時で、このところを眼をねぶってじっと持ちこたえていさえすると、天道さまの秤はすぐとまた逆戻り、沈んだものは浮き上がって枯れ株にも芽がふきます。

　ここの辛抱ができないで、つい自棄から一生を早々にして仕舞うというわけは情けないわけじゃありませんか。あなた方はまあこれからつぼみ花咲くというのですから、いくらつらいことがありましても自棄を起こすのじゃありません。

→返信

名前◉△△坊　一九一四［大正三］年八月五日［水］

先日、宮古宿生とやらの投書は全文まったく「自然と人生」の雨後の月という篇にある文だが、いったいどういうわけで出したのか。余は君の意がわからない。

地下に眠るお母さん

名前◉前垂子　一九一四［大正三］年八月二九日［土］

今宵は七月の十三日だ。ほんとに浮世は夢のようだ。去年の十三日は伊江の孤島に独り淋しき配所の月を眺めてアラの浜辺に泣いたが、今年は今夜、この頻々《ひんぴん》なる当店の丁稚《でっち》の末座に首を垂れて空しく味気なき人生の行路をかこちて泣くとは、それ一歳《ひととせ》の昔、夢想だに期せざりきであった。

　十三日といえば地下に眠れるお母さんも今日は永き夢より醒めて、あわれなる我が子の顔を見にいらっしゃるであろう。頼む瀬もなきこの身には日々に哀れを増すのみであるが、お母さんさえご存世ならば今日こんな憂き目を見なかったであろう。とかく私は独り者だ。親もない、もちろん子もない。浮きつ沈みつ、沖をただよう捨て小舟の類じゃ。

兄《けい》らは残らず父母の力を得て人間となったであろう。かく捨てられた運命の神に載《の》り込まれた私には、二個の腕一つが頼みにならんのである。ふむ、よし。我、父を頼まず兄を頼まず、肉あり血ある□は両のかいな（腕）を振るって荒き世路の波路《なみじ》を漕ぎつけん。母よ、この可憐子《かれんじ》を捨てたまうなと霊前に向かえば、香持つ手はすでに振るえ上がっておったのであった……、

生活難の叫び

名前◉白毛生投ず　一九一四［大正三］年九月一八日［金］

収入の固定しているにかかわらず、物価は日に増し騰《あが》貴るばかりで、不景気の声はいたるところにけたたましく、本県物産たるアダン葉帽子も欧州戦乱（第一次世界大戦）のため、突如大打撃をこうむり、二万余の職工連はたちまち失職し生活難をきたし、車夫あるいは人夫に職を転ずるものあり。

これに慣れぬ女工連らはいかにして生活の途《みち》を講ずるか。その悲惨なことは同情に値する。これは一時的の現象か、不景気と称する風の吹き回しか、これはいつ回復するか、当分徒食して待つのほかはない。この生活難の叫びは、我が同胞の真面目に考究すべきこと

である。

人生の岐路に立って

名前●迷子　一九一四［大正三］年九月二〇日［日］

ああ、過ぎにし年まで、蝶よ花よと育まれしこの身の今、人生の岐路に立って右せんか左せんかと迷いし哀れさよ、清き美しき我が理想は達せられんのか?

　これと言うもただ亡き母上のため——ああ、なぜ我が母は死んだであろう。逝いて、そしてまだうら若い少年のこの身に煩悶を与えるであろう。ああ、世はさまざまなるかな?

名前●迷子　一九一五［大正四］年一月一三日［水］

泪《なみだ》もろい若人《わこうど》には母を失ったほど哀れというものはないでしょう。私は同じ身に泣いている若い人々ほど懐かしいものはありません。「母なし子」の少年らよ。実に我らは可憐というべきものでしょうね。

うまくいかないのが世の常

名前●海月子　一九一四［大正三］年一一月四日［水］

「精神一到何事かならざらん」とは言うものの、万事意のごとくならざるのが世の常なのだ。アア、実に実に煩悶だ。悲観だ。

→返信

名前●知れた生　一九一四［大正三］年一一月七日［土］

海月子君へ

君が去る四日当欄に投書なされたのを了読し、我輩は転《うた》た感涙に咽《む》せばじむを禁じえなかった。しかれども実例あってその精神一到うんぬんは現代までほとんど家ごとの額となり世人の口々は三食のごとく喧《かまび》しく伝播したのであるから、決して煩悶するなかれ、悲観するなかれ。

現職に懸命に従して刻苦勉励せば、自ずから万事意のままに左右することは論をまたざることと我輩はかくまで精神一到を信頼してやまざるのであるから、貴君も今後神聖なる空気を吸収して、しかして神聖なる精神を修養されんことを。不肖我輩といいながら貴君のため、否や反省を促すのである。ことに貴君、我輩らは花をも争う血気の青年の身であるから、そんな堅苦しい文句は今後並べたてざるのが得策たらんと思うから、貴君、戒心してくだされたまえ。

→返信

名前●同情生　一九一四［大正三］年一一月一二日［木］

海月子兄《けい》へ

滔々《とうとう》たる自己万能主義者のうちに、兄のごとき謙遜なる仁《ひと》あるを私は喜ぶ。自己に対して真面目なるを敬う力なきを感ずる時、力のつく門に入るのである、ここでは兄は人間の力より他にある大なる力を探しつつあることを信ず。私も兄のごとく煩悶した、その時に一友、我を慰めていわく「重きを負えるもの、なやめ

［沖縄県立図書館蔵］

るものキリストに随《したが》え。キリスト汝を息《やす》ません」とここで私もエス（イエス）の愛、エスの力を認め喜びに満ち、一層の努力をしています。私は午後五時からいつでも日本基督首里協会（佐久間殿内《どうんち》の跡）にいますから、互いに語ろうじゃありませんか。

永遠に旅立った父

名前●西の前小僧　一九一四［大正三］年一二月一三日［日］

人生五十年とは言いながら、我が父は四十二才を一期として永遠の旅へ立った。ああ、世ははかなきもの、早きもの、母も父も慕《しと》うて行きぬ。読者諸君《みなさま》、私は無二のお友達としますから、後、お見知りを願います。

悪魔の神はいい神

名前●松山静波　一九一五［大正四］年三月一日［月］

龍界寺小路の三郎君よ、君は今頃は暖かき窓の下で読書にふけって楽しく春の日を送っているであろう。自分はつらい仕事をなし悪魔の神に苦しめられている。しかしまた自分の幼心を試みるのだと思う。そして自分の心を強固にするいい神なんだ。さらば君よ、俺も精出して後に理想の花を咲かすから、君もよく健全にて学に忠実なれ。

私は過去を葬りたい

名前●おくどう生　一九一五［大正四］年三月一二日［金］

人間の顔、すなわち肉体をもって精神をは

かろうとするものほど愚かしいものはない。私は過去を葬りたい。ただ未来に生きたい。私は運は天に任したくない。私は人を攻撃したくない、攻撃したこともない。

こんな仕事イヤになった

名前●浮松生　一九一五［大正四］年三月一二日［金］

浮草兄さん、俺はこんな事業は嫌いになった。どうも同社の前途が面白くない。いっそのこと辞表でも投げ出してどうです。

十九歳だけど死にたい

名前●八重子　一九一五［大正四］年三月一七日［水］

私は人生の花といわるるまだ十九才しかなりませんが、この世を真実《ほんと》に嫌になって黄泉《あのよ》へ旅立つ人がうらやましくてなりません。

不平煩悶が五体を責める

名前●茂三郎生　一九一五［大正四］年四月六日［火］

ああ！　我輩はまさに没せんとする夕日のごときを想像する。惜しかな、希望と抱負とに充たされた血気の壮年を、一期にしてこの世を終わらしむるは誠に遺憾なる次第である。不平煩悶は刻一刻と我が五体を責める。

自分たちだけ不景気

名前●クルマー［＊］　一九一五［大正四］年四月一八日［日］

不景気、不景気とは言いながら世の多くの

人は金持ちだ。自分たちばかしがいつも不景気だ、昨日今日などは流舟《ながしぶね》に乗って浮かれている女たちもあれば、昼夜通して芝居や活動を見るという人たちもいて、とても景気が好いが、三月でもやっぱり自分たちは不景気だ。

*――「クルマー」というペンネームから、彼は人力車か馬車の車夫である可能性がある。景気のいい客を乗せ、身近で見ているのだろう。

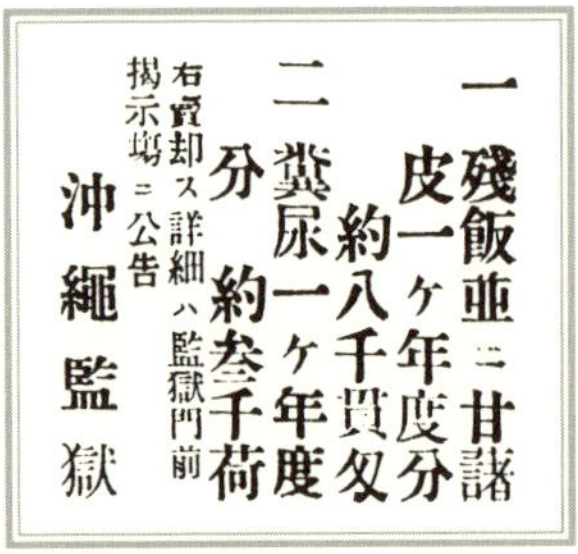

一 残飯並ニ甘諸皮一ヶ年度分 約八千貫匁
二 糞尿一ヶ年度分 約参千荷
右賣却ス詳細ハ監獄門前掲示場ニ公告
沖縄監獄

［沖縄県立図書館蔵］

11

わたしの主張

投書欄はまた自らの意見や思想を披露する場でもあった。まさに百家争鳴の感がある。投稿者間の論争のなかで取り上げたいのは、沖縄の苗字に関する読み方論争である。沖縄には日本本土にはない独特な地名・苗字の読み方が多数存在した。明治中期以降になると、その読み方を本土風に読み替えていこうとする動きが現われ始める（詳しくは武智方寛『沖縄苗字のヒミツ』を参照）。たとえば「金城」はもともと「かなぐすく」と呼んでいたのを「かねしろ」や「きんじょう」に読み替えるなどである。

投書欄では「荻堂生」が沖縄県人が本土において勝手に読み方を変えることに異論を唱え、従来通りの読み方を提唱したのに対し、「宮城生」が東京での体験談をもとに従来通りの読み方は不便をきたすとの理由で、読み替えはやむを得ないと反論する（ただし極端な読み替えは避けるべきとも述べている）。近代に「日本」の一員となった沖縄では、さまざまな日本本土との文化・風習の違いがあり、本土での生活上の不便・不都合となり、また差別の対象にもなった。そのため、その克服が近代沖縄の人々の課題になっていた。この論争からは近代沖縄の抱えていた問題の一端をうかがい知ることができる。

このほか、「人心を束縛することなかれ」や「金を儲けるにこしたことはない」、「現代は激烈な生存競争」との主張はデモクラシーや資本主義化といった、大正という時代性を感じさせる。本土でヒットした映画『渦巻』や人気女性作家の田村俊子の名も投書に登場しているが、沖縄においても「中央」文化の波及が時を置かず及んでいることがわかる。

もう一つ、特筆すべき点に第一次世界大戦に対する若者の反応が挙げられよう。一九一四(大正三)年に勃発した欧州の大戦に対し、日本も連合国側についてドイツに宣戦布告した。投書欄には開戦に際しての勇ましい決意表明が散見される。だがこの時の戦いはあくまでも「対岸の火事」であって、若者たちは戦争を修行か何かのように受け取っている節もある。ほぼ同時期の一九一三(大正二)年一月に沖縄の浦添村で実施された第六師団の軍事演習においても、新聞紙上では軍人さんを間近に見た子供たちの肯定的な意見が並んでいる。恐ろしい近代総力戦の「鉄の暴風」の威力を彼らが目の当たりにするのはこの三〇年後であった。

おかしな沖縄の苗字

名前●荻堂生　一九一二[大正一]年一〇月七日[月]

名詞について

名詞は固有のものを用いないと何の役に立たないことになっている。ことに歴史や地理などになると勝手に名詞を変えると全く物にならぬのである。すべて苗字は土地の名称であるから、これをいい加減に読みつけると意味をなさないのである。これは沖縄人が他府県にでも行くと、あたら名詞をば自分勝手に読み変える癖があるのが、ここにいたって滑稽となるではないか。

その一例を挙ぐればこうである。久手堅《くでけん》を「クテカタ」、金城《かなぐすく》を「キンジョウ」、親泊《おやどまり》を「シンパク」、大工廻《でくじやく》を「ダイコマワリ」、小橋川《こばしじや》を「コハシカワ」、兼城《かねぐすく》を「ケンジョウ」、宮城《みやぐすく》を「ミヤキ」、真栄城《まえぐすく》を「マエキ」、玉城《たまぐすく》を「タマキ」、屋部《やぶ》を「ヤベ」、砂川《うるか》を「スナガワ」、勢理客《ぜっちやく》を「セイリキャク」、保栄茂《べん》を「ホエモ」と称呼しているではないか。

それについてある日、公園で滑稽を演じたことがあった。というのが初対面の人が挨拶をしているのをそばから見ていると、甲の人は「私は西の宮里である」と名乗ると、乙は「私は泉崎の小橋川《こはしかわ》である」と名乗る。そうすると宮里さんが眼を丸くして首をひねり、「そうするとあなたは他府県のお方でありますか」と尋ねると、「そうではない。本県のものである」と答えた。

すると宮里さん、ホロ酔い加減になっていて冷やかすつもりであったのか否やは知らないが「本県に〝コハシカワ〟――そんな苗字はないはずであるが」と突っ込むと、小橋川さん怒りだし「人を馬鹿にするのも程がある」とアワヤ大立ちまわりを演ぜんとするのであったが、仲裁によって事なきを得たのは幸いであるが、これは名詞を自分勝手に読みつけた結果に決着するのであるから、注意すべきであろうと思う。

とくに久手堅《クテケン》・親泊《シンハク》・保栄茂《ホエモ》などになると、ことさら滑稽ではないか。

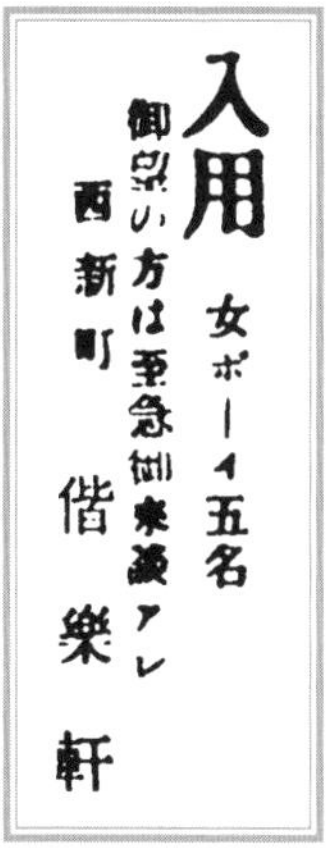
入用
女ボーイ五名
御望の方は至急御来談アレ
西新町
偕楽軒
［沖縄県立図書館蔵］

→返信

名前◉宮城生　一九一三［大正二］年一〇月一〇日［木］

さる七日の読者倶楽部欄の荻堂生なる人の名詞についての所感を読んでみた。なるほど姓を読み変えて用いるなどは面白くない、滑稽なところも随分あるが、しかしこれがやむをえざる場合もある。我輩、また宮城の姓をおかしているからここに一言述べてみよう。

先年、我輩が東都(東京)に行った。ある日のこと知人から電報為替が来た。しかし宛名の「ミヤグスク」としてあるのでただは渡してくれないと言うから、その宛名の人は確かに我輩「ミヤギ」に相違ないことをしたためて捺印したうえ、郵便局長宛てに届け出たことがあった。もしいつでも「ミヤグスク」と言う宛名が来るとしたなら、そのつど局長宛てに届け出ねばならぬことになって、はなはだ面倒なのである。

　また友人を訪ねる時に取り次ぎの下女の「お名前は」と聞く。「ミヤグスク」と言ってやると二、三度目にようやく聞き取り、それでも取り次ぐまでに忘れはせぬかとの懸念からでもあろうが、果たせるかな「ミヤクス」さんがいらっしゃいました、とぬかしたそうである。こういうことはたびたび耳にする例である。こんな不便なこともあるから、我輩これまでとても常に「ミヤギ」で通っている。また何のはばかるところがあろう。

　こういう筆法で推して山城《やまぐすく》を「ヤマシロ」、玉城《たまぐすく》を「タマキ」、兼城《かねぐすく》を「ケンジョウ」と称呼しても耳ざわりでも何でもない。しかし親《おや》泊《どまり》を「シンハク」、久手堅《くでけん》を「クデカタ」とするにいたっては、安里《あさと》を「ヤスザト」、野原《のばる》を「ノハラ」、久高《くだか》を「ヒサタカ」とてらうのと同じことではないか。

　また荻堂生は一例として公園における宮里と小橋川との初対面の場合を挙げているが、「私は小橋川《こはしかわ》と言うものです」と応えたのはいささかの不都合もないばかりか、これも当然である。

　もし相手が他県人ときて私は小橋川《クワシヂャ》です、あるいはまた喜友名《チュンナー》、真喜屋《マーヂャ》、牧港《マチナト》、喜瀬《キジ》などと答えた日には彼らにはどんなに異様に聞こゆるであろう。よろしくキユナ、マキヤ、マキミナト、キセなどと称呼するのが穏当であると思う。いたずらに無学の古老の口吻《こうふん》をまねては一層滑稽ではなろう。呵々《かか》[*]。

*呵々——笑う声。

＊——沖縄独特の苗字については、武智方寛『沖縄苗字のヒミツ』（ボーダーインク、二〇一一）参照。

ヒゲ人生論

名前◉青レンズ　一九一二［大正一］年一一月八日［金］

ヒゲ（髯）は老成を意味す、成功を意味す。活動しかして停留かあるいは後退を意味す。ヒゲなきは無ヒゲなり、向上は無ヒゲなり。ヒゲなき人はヒゲを蓄うるべく働き、ヒゲある人はヒゲなき時代よりヒゲある時代に一歩を進みたる人なり。

滔々《とうとう》［＊］たる蓄髯《ちくしゆう》［＊］の流行。余、一昨年はじめてヒゲ蓄えてより、その存在をやや認められつつあるは、ようやく今日なり。しかも蓄えられたヒゲの存在より、蓄えたる余の存在のウヤムヤなる。

常に鏡に対してヒゲを眺むる。たびたびに慚愧《ざんき》［＊］の汗、頭に滴《したた》ること覚ゆ。けだし老成・成功を意味するとのを、成功せざる者に対照したるが故たらずんばあらず。

すなわち、かつ然［＊］として大悟し、大正元年十一月五日、余はここに二年越しの美ヒゲを断る。喝《かつ》。

［沖縄県立図書館蔵］

＊滔々——物事が一つの方向へよどみなく流れ向かうさま。

＊蓄髯——ヒゲをたくわえる。

＊慚愧——自分の見苦しさや過ちを反省して、心に深く恥じること。

＊かつ然——心の迷いや疑いが消えるさま。

「ビリケン」読み方論争

名前◉食道楽生　一九一三［大正二］年一一月一五日［金］

饒平名《よへな》病院の隣り、西洋料理店の「美理軒」は開業以来、流行るそうだが無理もない話で、第一、料理が安いうえに配膳も早いときているから繁昌するはずだ。少し贅沢をいえば今少し客間をふやしたらモッと客がふえるだろうと思われるが、しかし開業早々のことであるから、左様一時に何もかも理想通りにはいくまい。

　それに今一つ言うべきは「美理軒」と言う名である。これはご主人が多年、亜米利加《アメリカ》に在りて料理法を研究したと言うことにちなみて「メリケン」と読ますつもりで命名《なづけ》たろうが、しかし日本音ではかの三文字は「ビリケン」としか読めない。

　なるほど支那音ではあるいは「メリケン」と読むかもしれないが日本ではドウしても「ビリケン」としか読めない。「ビリケン」と言えば非立憲的・武断主義・非文明式をもって有名なる寺内伯［＊］のアダ名ではないか。ドウも文明式料理店の名称としてはあまり面白くない名である。

［沖縄県立図書館蔵］

「ビリケン」と言えばその語呂からしてビリビリ怒りだしそうで、聞いたばかりで嫌で嫌で縁起の悪いことおびただしい。イヤ「美理軒」は「メリケン」でござる、「ビリケン」ではござらぬとイクラ鹿爪《しかつめ》らしく〔*〕弁解したところで世間の人はそうは呼んでくれないから仕方がない。

そういうわけだから「美理軒」をイッソ仮名入りで「めり軒」とした方が意味もよく通ずるし、また一風変わってよかろうと思うがドウでしょう。名護君、早速商号の改称・披露し、花花《はなばな》しく出たら今よりは二倍も三倍も繁昌するに極まってますゼ。

*寺内伯――寺内正毅(一八五二―一九一九)。明治・大正期の政治家・軍人。桂・西園寺内閣などで陸相を務め、一九一〇年に初代朝鮮総督、一九一六年に寺内内閣を組織。彼の頭がビリケン人形に似ていたことから「ビリケン」と呼ばれた。

*鹿爪らしく――もっともらしく。

→返信

名前◉バタクサイ生　一九一三〔大正二〕年一一月一六日〔土〕

食道楽君のビリケンの解釈は違っている。ビリケンとは福の神の意味で、寺内総督にビリケンの名を呈したのは、かつてある新聞が七福神の似顔を募った時、総督の三角頭が七福神の一つに及第したことがあるから、ビリケンのアダ名もけだしこれに出たのであろう。

洋食屋の美理軒、なるほど語呂はよくないが、来るお客様を福の神に見立てたものとすれば語呂ぐらいは我慢ができる。アテ字の美は美味の美、理は料理の理とみればいずれにしても結構じゃないか。僕は主人のために原案維持説を主張する。

＊——洋食店「美理軒」については一五四—一五五、一五七ページ参照のこと。

新式靴墨開発

名前◉板橋小僧　一九一三［大正二］年三月二日［日］

二、三銭をもってできる靴墨。

今や余は諸君の有益をはからんとて、新式靴墨を発明せり。諸君よ、倹約せんとする者は左の方法をもって製すれば廉価《れんか》にてできるなり！

製法＝豚油を少し熱し、それが純粋なる液体となりたる時、これに相等する墨汁（開明墨をよしとす）を注ぎ、絶えずかきまぜてよく混合したる時、これを瓶の中に入れて冷やしたまえ！　割合は豚油を五とせば墨汁三・五としたまえ！

鶏を売ると少年がグレる

名前◉小飼養者　一九一三［大正二］年九月四日［木］

首里で鶏市場を夜になって開場するのはあまりよくないことである。それがためにかえって悪習慣を養生するようになって区のためによろしくない。

というのは不良少年が多くなることである。社会が漸々《ぜんぜん》進歩発達すると、いき

［沖縄県立図書館蔵］

おい生活難が生じきたる。そうなる時には無邪気なる少年をおだてて鶏を盗ませそれを市場へ持って行く。市場はこれら少年のためにはかえって格好なところであるから、次第にこれが多くなるのも無理はない。どうかして彼《か》の習慣を打ちこわしてもらいたいものだ。

人心を束縛することなかれ

名前◉天遠子　一九一三[大正二]年一〇月五日[日]

人心を束縛することなかれ。人は束縛を受けて生活すべき動物にあらず。自由の中に進歩し発達すべきものである。人心は自由を欲す。ゆえにこの精神的自由を失えるものは人たるの資格がない。どこまでもこれを維持すべきである。上にあって支配する者は、よろしくこの心がけなからねばならぬ。

奇抜にならずとも

名前◉非同意　一九一三[大正二]年一〇月五日[日]

人間は一代に限らず後世に名を残さねばならぬと言うて、しきりに悪じゃれた滑稽をなすものがあるが、それはやる人によれば奇抜とか何とか言うがあまり礼儀を失してはならぬと思う。

昔の小説が好き

名前◉旧式坊　一九一四[大正三]年四月一八日[土]

我輩は自然主義のような涙もろい小説はあまり読みたくない。そのかわり昔の小説を読むと気が張って非常に愉快を感ずる。もちろん旧式を好むわけではない。文士は是非とも時代を追うて進化せなければならんが、我輩は別に仕事があるから暇の時読むので、なるべく変化があって面白いものがよい。

石門の貸本屋君どうだ、支那の軍談や日本のあだ討ち小説など取り寄せてはいかが。きっと当たるはずだぜ。

→返信

名前◉石門の小説屋　一九一四［大正三］年四月一九日［日］

旧式坊にお答えします。貴君の言われた通り、私の内にはもちろんあだ討ち小説・探偵小説その他、新小説も五百部ぐらい買ってありますから、どうか貴君と同趣味のお方などもご同伴のうえ、必ずご光来を願います。

大のそば好きの主張

名前◉大のそば好き　一九一四［大正三］年五月一日［金］

支那そば（沖縄そば）屋にもいろいろありけりだ。ある支那そば屋は量が少ない。ある支那

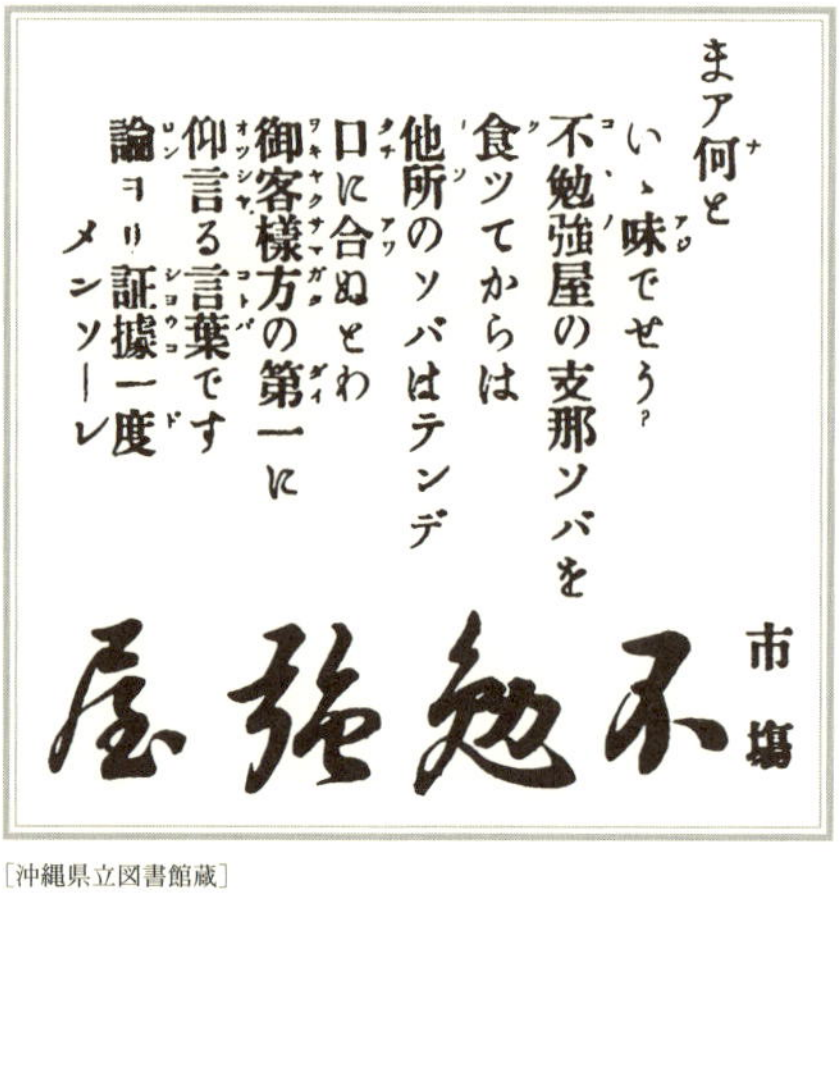

［沖縄県立図書館蔵］

そば屋は人の顔を見て盛り方がちがう。商人は正直であらねばならない。同じ五銭で盛り方がちがうなら誰でも多い方に行くのは当たり前である。

→返信　名前◉局外者　一九一四[大正三]年五月一日[金]

大のそば好き君、支那そばの量が少ないと言ってアナタのようにひとり怒って新聞にまで投書する人もまた変わった方ですね。失礼ですが川柳を三首、呈します。

「支那そばを　食って後から怒り出し」
「そば碗と　五銭銅貨と持ちくらべ」
「そばの量　多い時には満悦し」

【コラム】──沖縄そばの誕生

沖縄の代表的な県民食である「沖縄そば」だが、その発祥は明治時代、那覇に移住した中国人が始めたとみられ、当初は「支那そば」と呼ばれていた。木灰のうわずみのアクと小麦粉を混ぜて作った麺で、当初は醬油ベースの黒いスープであった。いわば本土の「ラーメン」の親戚と言ったほうがいいかもしれない。具には卵焼きをのせたり、ブタの赤肉とネギがのっていたが、やがてカマボコや紅ショウガなども加わった。一九一六(大正五)年頃になると当局の指導で「琉球そば」へと名称を変える店も現れるが、すべての店に浸透したわけではなかった。

一九二四(大正一三)年、「ゆたか屋」が白いスープを開発し「琉球そば」に一大革命をもたらす。ライバル店は「白い醤油を使っている」との話を聞き各地を探しまわったが見つかるはずもない。塩ベースのスープだったからである。こうして現在につながる沖縄そばのスタイルが確立していった。

アンマーたちの映画鑑賞

名前●アンマー生　一九一四［大正三］年五月一八日［月］

活動写真（映画）は面白いもので一度見れば二度三度と見たくなる。ことに学生には地理の参考にならぬでもない。西洋の風俗を知るには持ってこいというものだ。しかしお気の毒なことには本県人のアンマー［＊］たちだ。

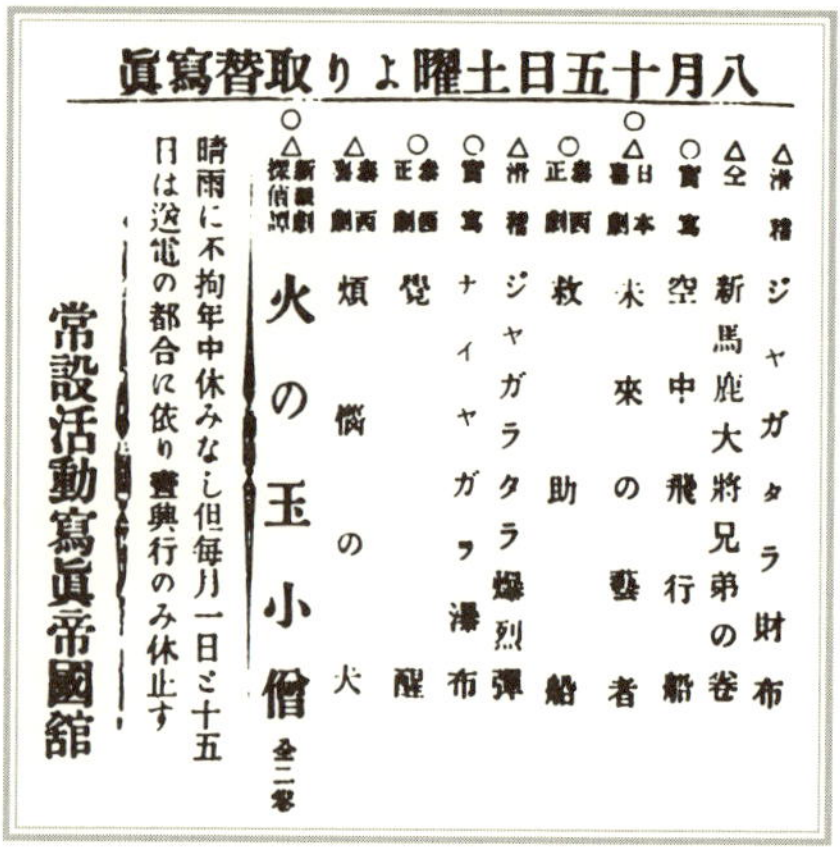
八月十五日土曜より取替寫眞

△滑稽　ジャガタラ財布
△全　新馬鹿大将兄弟の巻
○實寫　空中飛行船
○△日本劇　未來の藝者
○泰西正劇　救助船
△滑稽　ジャガタラ爆烈彈
○實寫　ナイヤガラ瀑布
○泰西正劇　覺醒
△泰西喜劇　煩悩の犬
○△新派劇　探偵劇　火の玉小僧　全二巻

晴雨に不拘年中休みなし但毎月一日と十五日は送電の都合に依り晝興行のみ休止す

常設活動寫眞帝國館

［沖縄県立図書館蔵］

アンマーたちはただ写真を見て面白がるにすぎまい［＊］。言葉はチットモ通じないではないか。

＊アンマー――沖縄方言で「お母さん」。ここでは中年女性のことを指すか。

＊ただ写真を見て面白がる――おそらく、ウチナーグチしか知らないおばさんたちは弁士の標準語が理解できなかったのではないか。

名前●蚊鳥生　一九一四［大正三］年五月二六日［火］

土曜日の活動写真は相変わらず大入りであった。ことに大毎新聞主催のクロックカントリーレースは我々学生の血を沸かしむ勇壮活発の写真で、見物場の喝采《かっさい》鳴りもやまなかった。

名前●見度生　一九一四［大正三］年六月二三日［火］

帝国館の活動写真にて「渦巻《うずまき》」［＊］の写真を見せてもらいたい。待ち焦がれている。

＊渦巻――明治・大正期の人気作家・渡辺霞亭原作の小説。一九一三（大正二）年から翌年まで連載。非常な人気となり、マキノ省三らによって映画化された。

名前●十一度生　一九一四［大正三］年七月一九日

昨夜、友人たちとともに帝国館の活動写真を見物に行った。待ちに待ちたる「渦巻」？観るも涙、聞くも涙。観るその人を見ればまた涙。実に一夜にして一生の涙は流れた。

学問ばかりではダメだ

名前●活動生　一九一四［大正三］年六月一〇日［水］

今からの人間は学問ばかりでは駄目だ。まず金を儲けるにこしたことはない。すなわち学問をするにも金が無ければなるまいし、また社会に立ちて何事かなさんとするにも金がなければ到底できるものではない。

今の世の中には無暗《むやみ》と本箱になりたがる者が多いからいけない。すべからく労働すべきだ。そして勉強すれば身体のためにもなる。またそのような愉快なことはない。

僕が女性なら

名前◉前之毛三郎生　一九一四［大正三］年六月二三日［火］

もし僕が女性であったならば、私はどんな夫を理想するか。私は第一に姿の立派な、かの平敦盛《たいらのあつもり》のような容貌の美しい男子で、かつ俳優ごときハイカラ男が大好きです。次に貧乏家はいやです。何となれば芝居見物、電車、人力車にも乗ることができない。また四季の新流行の衣服を着ることができない。学問や容貌はあってもいやです、どうしても。第二には金持ちの家に嫁入りしたい。第三に尾類《じゆり》［＊］好きは大嫌いです。私はいつも妻の機嫌をとる夫を持ちたいです。

＊尾類——沖縄の遊女のこと。

→返信

名前◉名島一生　一九一四［大正三］年六月二五日［木］

本紙の読者に前之毛三郎という馬鹿の極に達しようとしているものがある。極に達したらそれは聖人だろうが、まだそれまでにはゆかん。何でもこの者は電気会社の職工で青年であるそうな。今から奮励しようなどと言っている。青年にかかわらず妻などももっていて、恋というものも知っている。

何たる馬鹿だろう。この者は読者倶楽部をいたずら箱と思っているから困る。三郎君に申すが、くだらないことは言わん。□いてくれたまえ。僕は君の言葉がいやでならぬ。

→返信

名前◉腰巻生　一九一四［大正三］年六月二五日［木］

前之毛三郎さん、昨日の紙上に、もしあなたが女であったときは平敦盛のような男が好きとのことですが、もし私が妻を迎えるならば、あなたのような人とは良く意が合いますね。

私は敦盛以上の美男子でかつ金持ちで毎日電車に乗り、四季の最新流行の衣類は言うまでもなく、今日は活動（活動写真）へ、明日は芝居というように贅沢に暮らします。いかがですか、私のような人を夫に持たれては。

→返信

名前◉龍界寺住人　一九一四［大正三］年六月二八日［日］

前の毛の三郎君よ、君はもし女性であったならば、理想の夫として第一に姿の立派なかの平敦盛のような容貌の美しい男子で、かつ俳優のごときハイカラ男が大好きで、貧乏家は学問や容貌があっても芝居見物や電車乗り、または新流行の衣服を着ることができないから嫌だとか言っているが、要するに俳優のごとき美しいハイカラ男の相当の資産もあって、互いに美衣をまとい芝居見物や電車乗り、人力車乗りするだけが君の理想であって、その外には何もないらしい。

この理想、はたして公表するのが価値ありや否や。それはとにかく、およそ人として社会にいる以上は富貴貧賤の差別なく、国家に対してそれ相当に貢献するところがなくてはならぬ。ただ美味を食い美衣をまとい、芝居見物や電車乗りするのが決して能事にも名誉でもあるまい。かくのごときものはかえって社会を腐敗せしむる害虫であって、国家を思う人の常に嫌悪するところである。三郎君、悟れりやいかが。

→返信

名前◉祠慾生　一九一四［大正三］年七月一日［水］

私も前之毛三郎生のように女性になって生まれてみたい。それは単に私の理想的瞑想の一端にすぎないのだ。彼は平敦盛のような男性を中心として言っているが、私は決してそうではないのだ。さらば私はどんな女性を切望しているか。私は女作家として有名な田村《たむら》俊子《としこ》［*］を恋々《れんれん》としている。女性となって生まれるには是非あんな婦人でなければならないと思う。

＊田村俊子――一八八四―一九四五。小説家。一九一一年に文壇デビューし、当時は人気作家だった。代表作に『木乃伊《みいら》の口紅』など。

若者は昼寝するな

名前◉桃太郎　一九一四［大正三］年八月三日［月］

南国の暑さはひどい。これがため人がいくらか怠けがちになるのはやむをえないことだ。せっかく机に向かった人がコクリコクリとこぎ出しては思わず肝心、紙面に絵ともつかぬ字ともつかぬ怪しい落書きをして意外な失態を演ずることがままある。何と見られたものでないではないか。

またさらに少しでも暇があるものときたら毎日も午睡《ごすい》［*］ばかりむさぼっているが、老人ならしらず、元気はつらつたるべき若い人がこのお仲間入りするにいたってはもったいないというか何といおうか、全くお話にならない。私は午睡が衛生上どーだこーだということは知らないが、若い青少年にとりては害こそあれ少しも益がないと思う。

＊午睡——昼寝。

汽車があると足腰が弱る

名前●春生　一九一四［大正三］年八月七日［金］

農村における郡道・農道の目的は貨物・肥料・農産物などの運搬を便利ならしむるにあるなるべし。しかるに近来、農村婦人はもちろん祖先数百年来、鍛錬し来たれる糸満婦人までがその健脚の利用を忘れ、魚籠《かご》とともに客車に運ばるるもの、ようやく多きを加うる

●頭に荷物を載せ、はだしで市場へ急ぐ糸満のアンマー達［那覇市歴史博物館蔵］

［下り列車］

列車番号	那覇駅発	国場駅着	国場駅発	南風原駅着	南風原駅発	与那原駅着
1	6：20	6：30	6：33	6：39	6：41	6：49
3	8：10	8：20	8：23	8：29	8：31	8：39
5	9：50	10：00	10：03	10：09	10：11	10：19
7	11：40	11：50	11：53	11：59	12：01	12：09
9	13：40	13：50	13：53	13：59	14：01	14：09
11	15：40	15：50	15：53	15：59	16：01	16：09
13	17：40	17：50	17：53	17：59	18：01	18：09
15	19：30	19：40	19：43	19：49	19：51	19：59
17	21：10	21：20	21：23	21：29	21：31	21：39

［上り列車］

列車番号	与那原駅発	南風原駅着	南風原駅発	国場駅着	国場駅発	那覇駅着
2	7：12	7：20	7：22	7：28	7：31	7：40
4	9：02	9：10	9：12	9：18	9：21	9：30
6	10：42	10：50	10：52	10：58	11：01	11：10
8	12：42	12：50	12：52	12：58	13：01	13：10
10	14：42	14：50	14：52	14：58	15：01	15：10
12	16：42	16：50	16：52	16：58	17：01	17：10
14	18：42	18：50	18：52	18：58	19：01	19：10
16	20：23	20：30	20：32	20：38	20：41	20：50
18	22：02	22：10	22：12	22：18	22：21	22：30

◉沖縄軽便鉄道時刻表（『琉球新報』1914［大正3］年11月29日）

に至れり。

　この勢にて進まば軽便鉄道、糸満に通ずるあかつきには、これに乗るもの今日の客車に比すべくもあらざるべし。さればせっかく先祖代々鍛錬し来たれる糸満婦人の健脚も将来、一般農村婦人の体格も姿勢も今日のごとく、優美端正ならざるに至るべし。これ糸満町民として、はたして喜ぶべき現象なるか如何《いかん》。

戦争が始まって

名前◉茂三郎生　一九一四［大正三］年八月二六日［水］

　今や欧州戦乱（第一次世界大戦）の東洋にまで波及し、いよいよ我が帝国も自由行動を開いた［＊］。ここにおいて我ら国民たる者は意志を堅め、なおいっそう業務に勉励し、もって我が帝国の前途を祝福せん。我らが鍛いたる手腕を発揮する時期の到来は目前に切迫するのである。

＊――一九一四年七月二八日、第一次世界大戦が勃発し、連合国側についた日本も八月二三日にドイツに宣戦布告。中国青島のドイツ租借地に出兵した。

名前●若狭町波月生　一九一四［大正三］年八月二七日［木］

今や欧州各国、戦争となり日本帝国も二十三日午後を期し戦端まさに開くにいたれり。沖縄少年・青年諸君よ、この戦争の最中に余が諸君に一言す。

すなわち刻苦ということについて、いささか述べたいと思うなり。ことに刻苦に大成す。凡人いかに刻苦するも天才者の職には達するあたわざる（ことができない）べけれども、天才とても刻苦して初めてその才を発揮したるなり。天才の資ある者も刻苦せざれば凡人と同じかるべく、凡人も刻苦すれば天才者の塁を摩《ま》するを得るべし。

幼年の頃、神童と言われたる人が長じて凡人となること、世にその例すこぶる多し。これ何をもって然《しか》るか。いわく、才気あるままに早わかり早合点して毫《いささか》（少し）も刻苦せざればなり。何人も戒めざるべからざるは慢心と怠惰なり。天才の資ある者も凡人となる。まして凡人をおいてをや。玉は磨かざれば光らず。名刀は必ず多くの鍛練を経たるものなり。

名前●顔腹生　一九一四［大正三］年九月二七日［日］

日独大決戦、今まさにたけなわとなった。これ実に文明世界に放った第二の砲弾にして、眠れる東洋の猛獅が奮然として起った大突撃の序幕である。諸君よ、恐るべきその威力の裏面には、また幾多貴重なる鮮血が張るか、はかり知りがたきぞ？　読者諸君よ、まず自覚してもって出征軍人の勝利を願わざるべからず。

現代は激烈な生存競争

名前◉新埋地酔月の辺三郎生　一九一五［大正四］年一月二〇日［水］

二十世紀の文明の潮流は滔々《とうとう》として流れ去り、新時代の空気は絶えず新陳代謝して清くなる。酔うた人々よ、また昨年の美妓《びぎ》にうつつ抜かせし人々よ。早く悪魔の妓を捨てて奮闘の用意をなせよ。現代の趨勢は弱肉強食、生存競争の激烈なる時代なり。同胞よ、奮闘の準備をせざれば劣敗者となるよ。諸君は用意をなせしか。余は諸君とセークハンヅ（シェイクハンズ。握手）して奮闘せん覚悟なり。サアサア共に活動せん……

私は常に若くありたい

名前◉くるゐすずめ　一九一五［大正四］年二月一一日［木］

「若き心！　若き心！」私は常に若くありたい。荒みゆく若き命！　それは小鳥の死ぬよりも悲しいことですけれども、私らはやはりこうして老いてゆくのでしょうか。心の動いてゆく微かなどよめき——それはきっと私らにある意味を暗示していることでしょう。

12

その他新聞記事

●那覇の商店、偕楽軒

電車が開通、大人気

❖雨中の雑踏　社員ホクホク

昨日朝来、雨しきりにいたり電車の初開業日に社員等はことのほか天気を危ぶみいたるが、電車は予定のごとく午前五時より運転を開始した。雨の日は市中の人出の少なきにもかかわらず、はじめて乗る電車のこととてワザワザ雨中をおかし、電車の初乗りを試むもの各停留所ごとに雑踏をきわめていた。

❖人気意外に大なり

電車は安心ができないという言葉は、開業前における軌道会社がいかに人気を失墜したかがうかがわれる。軌道会社が不人気になりし原因を今さら繰り返すことを好まない。我々はいよいよ開業に着手せる文明的の交通機関が区民の便宜をはかることの大

◉見世前大通りを走る電車［那覇市歴史博物館蔵］

なるを思い、ひたすらに完全無欠の発達を祈るばかりである。

昨日より運転を開始せる電車は四台であって、那覇・首里間を絶え間なく往復し車内は四十名定員なるに、断りをも聞けばこそ後より潮《うしお》のごとく寄せて来て各車ごとに百数十名もギッシリ詰めてあった。社員の某氏は「どうも開業披露のことですから仕方がないです。雨が降ってかえって幸いでした」と前日来、好日和を祈った社員は雨をモッケの幸いとしたぐらいであった。

［沖縄県立図書館蔵］

❖珍しいから乗る

昨日乗客の多くは学生、婦人、地方人などもっとも多く、みないずれも用があって乗っているのよりも珍しげに乗っているものが多かった。たいてい那覇・首里の往復切符を買い、なかには二、三回も往復して狂悦しているものもあった。電車内の人は誰も見てもニコニコとしている。今よりも二十年前、那覇に人力車が初めて来て区民を騒がし、大巡りと言って市中をグルグルめぐりむやみに嬉しがっていた当時を追憶せしむるのであった。昨日は雨のために招待客の乗客は非常に少なかった。

（『琉球新報』一九一四［大正三］年五月四日）

電車内の遺留品、初日より三十四点

電車が開通してから一ヶ月も越して乗客の種類も決まり、車内の騒々しさもだいぶ落ち着いてきたが、開通数日間は電車乗りの競争でもやるようで、光景はなはだ目覚ましかった。

十二月一日より
與那原線
開通
沖縄縣鐵道管理所
電話三四五番

［沖縄県立図書館蔵］

この騒然たる車内の乗客はほとんど命がけであった。かくまで物騒の車内では誰一人落ち着いていたのもなく、電車が崇元寺の車庫の中に収められて後から車内を検せば遺失されたる物もなかなか多く、首里・那覇の人々は家に帰ってから思い起こし遺留品を会社で受け取って帰ったのもいるが、地方民の遺留品らしきものは会社に保管されてある。その数三十四点である。

会社ではいつまで置いておくわけにもゆかず、昨日那覇署へ届け出たが多くは帽子や傘のようなのが多い。遺失品係の泉巡査は一時数十点の遺失品を受け取って閉口していた。遺失物は左のような種類だ。

袴、頭巾、タバコ入れ、雨傘、帽子、鎌、インチ尺、扇子、風呂敷、ノコギリ、弁当箱、兵庫帯、掛け軸など

（『琉球新報』一九一四［大正三］年六月二一日）

波之上にビヤホール開店

❖十八番のビヤホール

高島十八番氏、このほど来、波之上の鳥居前にビヤホールを新築中のところ、設備完成したるをもって昨日より開店の披露をなし、例のキリンビールと洋食の注文に応じ、その他氷素麺などあり。

庭門景致《けいち》[*]に富み、通風よく庭園は主人得意の意匠をこらし、泉水には鯉を放ち築山には竹木のあしらいあり。すこぶる夏知らずに構えおれるをもって、納涼客の一杯を傾けるにはあつらえ向きに出来おれり。さらに表にはお寺詣りの休息所と湯屋の設けあり。

(『琉球新報』一九一四[大正三]年六月二二日)

[沖縄県立図書館蔵]

*景致――自然のありさまやおもむき。

参考文献

●『琉球新報』大正一年八月―大正五年四月（沖縄県立図書館蔵）
●安里進ほか『県史47　沖縄県の歴史』（山川出版社、二〇〇四）
●大城将保「船浮湾の戦争遺跡」（『西表島総合調査報告書　自然・考古・歴史・民俗・美術工芸』沖縄県立博物館、二〇〇一）
●沖縄タイムス社編『沖縄大百科事典』（沖縄タイムス社、一九八三）
●すばドゥシの会編『私の好きなすばやー物語』（ボーダーインク、一九九五）
●那覇市企画部市史編集室編『那覇市史　通史篇第2巻』（那覇市役所、一九七四）
●那覇市企画部市史編集室編『那覇市史　資料篇第2巻中の7　那覇の民俗』（那覇市企画部市史編集室、一九七九）
●琉球新報社編『新琉球史　近代・現代編』（琉球新報社、一九九二）
●石川桂子編『大正ロマン手帖　ノスタルジック＆モダンの世界』（河出書房新社、二〇〇九）
●琉球新報八十年史刊行委員会編『琉球新報八十年史』（琉球新報社、一九七三）
●沖縄県文化振興会公文書管理部史料編集室編『植物標本より得られた近代沖縄の新聞』（沖縄県教育委員会、二〇〇七）

◉「名護朝助」(琉文21ウェブサイト　http://ryubun21.net／?itemid=4017)

◉真栄田義光・金城博之・高良昌子・知念美佐子・山宜美由紀「沖縄の移民 サンフランシスコ」(琉球大学教育学部アメリカ教育プロジェクトウェブサイト　http://www.cc.u-ryukyu.ac.jp/~yamauchi/27-sanfrancisco.pdf

資料提供・協力

◉沖縄県教育委員会
◉沖縄県立図書館
◉沖縄県立博物館・美術館
◉那覇市歴史博物館
［五十音順］

あとがき

本書を読んだ読者は、百年前の新聞投書があまりにも自由で多彩な内容であることにおそらく驚いたはずだ。当時の沖縄に生きていた、名もなき人々の様子や気持ちをこれほど生々しく鮮明に伝える資料を私は他に知らない。これまでの沖縄の近代史研究では、研究者が手がけるそれぞれの研究テーマに関連する投書が個別に取り上げられたことはあるが、投書欄そのものに関心を向けられたことはなく、おそらく本書が初の試みとなるのではないだろうか。

投書欄「読者倶楽部」が掲載されていた『琉球新報』の一日の発行部数は一九〇〇（明治三三）年で一〇八六部、明治三〇年代はほぼこの部数前後で推移していた。一部一銭五厘、月ぎめで二〇銭であった。主に那覇・首里などの都市部で読まれたであろうが、「読者倶楽部」を見る限りでは投書者は名護や国頭などの沖縄本島北部、先島など離島地域など沖縄県全域に及び、老若男女の広い読者層を獲得していたことがうかがえる。

例えば投書の常連である「春花生」は自宅で新聞を購読しておらず、知人の「おさふみ」宅へ行き新聞を読んでおり(「読者倶楽部」一九一四[大正三]年一〇月三一日)、回し読みも行われ実際の部数以上の読者がいたとみられる。

投書の文章は標準語で書かれており、ウチナーグチ(沖縄方言・琉球語)は琉歌や一部の表現を除いてほとんど使われていない。この点についてはヤマト(日本本土)との同化を進めていた戦前の沖縄で公式の場で沖縄方言を使うことは憚られたこと(『琉球新報』こそが同化教育の尖兵であった)、一九〇七(明治四〇)年の時点で小学校への就学率は九二パーセントを超えており、同化・皇民化教育を受けた人々が多数にのぼったことが要因としてあげられよう。当初、県内唯一の中学だった沖縄尋常中学(のち県立一中)の定員は一八九七(明治三〇)年に五〇〇名に増員されたものの進学希望者に対応できず、一九〇八(明治四一)年には私立養秀中学が開校するなど、中等教育を受けた若者も増加していた。沖縄の各学校では方言を使う生徒に「方言札」という罰札を掛けるペナルティも科せられていた。そもそも琉球王国時代においてもウチナーグチは話し言葉が主で公式の文章に使用されておらず、日本と同様の候文が書き言葉として普及していた。

投書は恋愛や友情に関するもの、不満や悲哀を訴えたもの、夢や希望、クレームや質問・お願い、時事評論、また短歌・琉歌や小説、随筆など自らが書いた作品の披露と、ありとあらゆる内容が掲載されている。とくに投書欄内において、読者同士が交流し、インターネットの掲示板やSNSのような役割も担っていたことも興味深い。「読者倶楽部」への投書は郵送のほか、那覇の各所に設置された投書箱から行うことができ、読者の要望により泊にも追加されている(「読者倶楽部」一九一五[大正四]年三月二五日)。

また一日の投書数については、

名前●「読者倶楽部」係り　一九一四[大正三]年六月二九日[月]

腰弁生君のご注意はありがとう。ついでに一般投書家に告げますが、投書の新聞に出るのが遅いと言ってお問い合わせの向きがたくさんありますが、投書は毎日十七、八通ずつ来るのですから先着順に出すので自然、一日二日は遅れる場合があります。人身攻撃にわたるものだとか、むやみに学校の先生へ質問みたような種類の投書は決して採らないのです。なおまた投書は新聞の十五行以内に願います。

とあるように、実に毎日一七、八通の投書が届き、掲載が順番待ちになるほどの人気コーナーであったことがわかる。一行一五文字×一五行で二二五文字以内が目安だったが、三〇行以上の長文が寄せられる場合もあった。編集部ではいちおう内容をチェックし、ボツになる投書もあったようだが(「読者倶楽部」一九一四[大正三]年八月二五日)、それにしては他人への誹謗中傷や不毛な論争が目立つ(あまりにも冗長かつ不毛なものばかりで、本書ではほとんど掲載しなかった)。

一例として、一九一四(大正三)年の「大笑子」と「西の紳士」の論争を見てみよう。

字西・某君に申し上げ候《そうろう》。君は月給タッタ七円取っても紳士であるか、ワハッワハッワハッ。

名前●大笑子　一九一四[大正三]年二月一七日[火]

→返信

月給七円でも名誉であるからやるのだ。もし君が欲しければゆずろうか、大笑生へ。

名前●西の紳士　一九一四[大正三]年二月二〇日[金]

「大笑子」が「西の紳士」に対して「薄給のくせに紳士ヅラしている」と嘲笑したことが

論争の発端となる。西の紳士は金のために働いてるのではないと主張し、自分の安い月給なんかお前にくれてやると応戦。以後、第三者の「薄給生」や「紳士の提灯持ち」、「紳士の友人」が加わり、論争は泥沼化していく。両者の罵り合いは連日に及び、他の読者はやはりこのやり取りにウンザリしていたようである。西の紳士の反論が開始されておよそ一ヶ月後、

名前●な古生　一九一四[大正三]年三月一六日[月]

西の紳士君と大笑子君よ、いいかげんに筆戦場の兵をひきたまえ。君らが馬鹿な問答は耳ざわりでならぬ。僕は君ら二人を笑っているよ。君らが僕の意見を入れるなら僕がおごってやるよ、一万円くらいを。

と突っ込みが入る始末である。匿名による果てしない不毛な論戦は現代のネット掲示板やＳＮＳでもよく見かけるが、大正時代、すでに同様のことがやられていたわけだ。百年経っても人間の本質は変わっていないのではと感じてしまう。下らない内容を一ヶ月にわたり掲載した編集部の判断もすごいが、こうした投書は編集部の掲載ガ

イドライン、「人身攻撃」には当たらないのであろうか。判断の基準が不明である。

投書者による攻撃の最終手段は「素破抜《すっぱぬ》く」、すなわち相手の本名や素性を暴露することで、現在なら大問題になるはずだが、編集部はこうした暴露された個人情報をしばしば掲載している。「いい加減にしないと貴様を素破抜くぞ」、これが「読者倶楽部」においてかなりの頻度で登場する脅しのフレーズである。しかも暴露情報は事実でないガセの場合もあったらしいので、かなりタチが悪い。

ペンネームもおもしろい。犬との壮絶バトルを演じた「犬狩生」、洋食店「美理軒」を論評する「バタクサイ生」、肥料船に苦情を入れる「衛生小僧」、辻のジュリにふられた「ふられ男」、借りた電車賃を沖縄そばに使ってしまった「蕎麦喰の朝臣」、「石門於ボーイ」、「死にたき女生」、「凸面坊」、当時の中華民国大総統の袁世凱をもじった「厭世慨」など、なかなかのネーミングセンスである。

「読者倶楽部」には常連の投書者も確認することができるが、こうした数々の投書から名もなき若者の人間像が浮かび上がる。例えば「前之毛三郎」なる常連は那覇の真教寺付近に住んでいたとみられる若者で(「読者倶楽部」一九一四[大正三]年七月一日)、一九一二(大正一)年頃、家庭の経済事情で退学(おそらく中学校)を余儀なくされ、一、二ヶ月失意の生活を送っていた。しかし気をとりなおして新たな生活をスタートするも、那覇区役所や豊見城村の臨時職員、沖縄県庁とわずかな間に職を転々とし、沖縄電気会社に電気職工の見習いとして就職。久茂地の火力発電所で毎日コールタールまみれの重労働、仕事が終わると疲労困憊して床に就くという日を繰り返す。しかも安月給で生活もままならなかったというから、まさに百年前のワーキングプアである。

彼は学生生活に未練があったのだろう、投書では学生に対して羨望のまなざしを向け、「世のスネかじりより我らが上だ」と強がる。「ああ、浮世はさまざまなるかな」と人の運命にも思いを馳せる。おそらく彼にとっては、新聞投書が慰みの一つになっていたのであろう。連日の投書がそれを物語っている。とはいえ、彼の人生は悲嘆に暮れてばかりでもなかった。電車内で隣り合った女性に密着してときめき、友人の婚約を祝ってハメを外し、辻遊廓の通行人にケンカを売られ、妻を理髪店の若者にナンパされて怒り、また「僕が女性なら」と夢想して「お金持ちで美男子を夫に欲しい」と投書する。それなりに楽しんでいたようである。近代沖縄の都市における一般労働者の生活実態を、私生活や気持ちもふくめてここまで知ることのできる資料は他にない。

個人的に気にかかるのは、彼がその後どのような人生を歩んだのかということだ。大正初期に二〇代前半の若者だったとみられる彼は、一九四五(昭和二〇)年の沖縄戦にはおそらく五〇代。戦後まで無事に生きのびていてほしいと願うばかりだ。

日本本土における流行が、遠く離れた沖縄にも時を経ず及んでいることも興味深い。当時の大ヒット映画『ジゴマ』や『渦巻』が話題となり、また女優・松井須磨子の流行歌「カチューシャの歌」を沖縄の若者がそこかしこで口ずさむ様子が投書から見てとれる。大阪の福の神「ビリケン」も知られており、しかも朝鮮総督(のち首相)の寺内正毅のあだ名としても認識されていたことが洋食店「美理軒」の読み方をめぐる論争でうかがえる(「読者倶楽部」一九一二〔大正元〕一一月一五日)。当時の本土と沖縄の情報格差について考察するにも「読者倶楽部」は有用な資料となろう。

今からおよそ百年前の新聞投書ということで、本書はひとまず一九一二(大正元)年―一九一五(大正四)年四月までを範囲としているが、『琉球新報』は大正七年頃まで連続でたどることができる(それ以降の新聞は断片的にしか残っていない)。今後さらなる調査と分析によって、新たな沖縄の歴史が明らかになることだろう。

前近代の沖縄(中世相当期の古琉球時代)が専門の私にとって大正時代の沖縄は未知の領域であったが、ふとしたきっかけで戦前の『琉球新報』を手にとり、「読者倶楽部」を知った時は衝撃であった。新聞は三六五日、ほぼ毎日掲載される投書が数年分。古琉球の史料とは比較にならないほど膨大な資料群から興味深い投書をピックアップするのも大変であったが、収集した投書をどのように分類しまとめるかでさらに難渋した。また可能なかぎり「生の素材」を提供したいと考えたので、解説は最小限にとどめた。さすがに百年前の文章なので現代では使わない言い回しや表現も見られるが、基本的には問題なく読めるはずなので、ぜひ当時の雰囲気を感じながら本書を楽しんでいただけたらと思う。

上里隆史

上里隆史 *Takashi Uezato*

1976年生まれ。早稲田大学大学院修士課程修了。専攻は琉球史。現在、早稲田大学琉球・沖縄研究所招聘研究員。『海の王国・琉球』(洋泉社歴史新書y)、『島人もびっくりオモシロ琉球・沖縄史』(角川学芸出版)、『尚氏と首里城』(吉川弘文館)など著書多数。

新《しん》聞《ぶん》投《とう》稿《こう》に見《み》る百《ひゃく》年《ねん》前《まえ》の沖《おき》縄《なわ》

恋愛《れんあい》、悩《なや》み、つぶやき、珍事件《ちんじけん》

2016年3月7日　初版第一刷発行

編著者………………上里隆史《うえざとたかし》

発行者………………成瀬雅人

発行所………………株式会社原書房
〒160-0022 東京都新宿区新宿1-25-13
電話・代表03-3354-0685
http://www.harashobo.co.jp
振替・00150-6-151594

ブックデザイン………小沼宏之

印刷…………………新灯印刷株式会社

製本…………………東京美術紙工協業組合

ISBN978-4-562-05297-4
Printed in Japan